江竹筠

JIANG ZHU JUN

冷 笛 编著

青海人民出版社

图书在版编目（CIP）数据

江竹筠 / 冷笛编著. -- 西宁：青海人民出版社，2021.5（2021.11重印）
（英雄模范共产党员故事汇）
ISBN 978-7-225-06170-2

Ⅰ. ①江… Ⅱ. ①冷… Ⅲ. ①传记文学—中国—当代 Ⅳ. ① I25

中国版本图书馆 CIP 数据核字 (2021) 第 100230 号

英雄模范共产党员故事汇

江竹筠

冷笛　编著

出 版 人	樊原成
出版发行	青海人民出版社有限责任公司
	西宁市五四西路 71 号　邮政编码：810023　电话：(0971) 6143426（总编室）
发行热线	(0971) 6143516 / 6137730
网　　址	http://www.qhrmcbs.com
印　　刷	青海西宁西盛印务有限责任公司
经　　销	新华书店
开　　本	890 mm × 1240 mm　1/32
印　　张	6.125
字　　数	140 千
版　　次	2021 年 8 月第 1 版　2021 年 11 月第 2 次印刷
书　　号	ISBN 978-7-225-06170-2
定　　价	32.00 元

版权所有　侵权必究

目录

有骨气的小姑娘　　001
苦难的中国　　008
学而不厌的女少年　　013
共产党人　　018
心向共产党　　023
团结抗战　　028
巴县小镇　　034
植根于群众　　042
乱云飞渡　　048
峥嵘岁月　　054
感染力与亲和力　　059
越是艰险越向前　　063
比爱情更高尚　　069
转移成都　　075
四川大学　　082
抗战胜利了　　088

目录

新的战斗在召唤	095
一切服从党	101
抗议野蛮暴行	107
风暴变奏	112
《挺进报》	120
准备武装暴动	126
奔赴巴山	132
肩负重托	139
踏着血迹前进	146
叛徒出卖	151
黑牢酷刑	157
锁不住的刚强	164
爱恨情仇	174
黎明之前	179
壮烈殉国	186

公者千古，私者一时。
——题记

有骨气的小姑娘

1932年，多雨的季节。

早起天色还很暗，无数打工人中，有一位圆胖脸，尖下颏，齐耳短发，活泼秀气的小姑娘穿梭在人流中，匆匆忙忙奔走在重庆南岸的青石路上。

一阵横风从远山呼啸而来，肆无忌惮地搅起雨雾，吹歪了她手中擎着的油纸伞，尽管她使劲儿把住伞杆，可还是打湿了她的布鞋，打湿了她的脸，打湿了她的全身。

这一年，江竹筠12岁，在南岸大同袜厂做童工快两年了。这把旧伞，是姥姥的遗物，已经伴随她穿过了多少风雨，走过了多少冰雪路程。有了它，江竹筠觉得，外婆就在她身边，慈祥而充满爱意的目光一直看着她成长。

为了生计，童年的她，像大人一样，到做工的车间去上班。

她是一个懂事又能干的女孩子。一起做工的母亲李舜华感觉得出来，车间里的叔叔阿姨们也都对她另眼相看。就连当初见面时板着脸，做工时稍不在意就瞪眼呵斥的袜厂老板，也换上了一副皮笑肉不笑的笑脸。

不是老板良心发现，也不是存有什么善意，而是童年的江竹筠用心灵手巧的表现和勤恳辛劳的工作换来的。

都记得，刚刚进厂时，江竹筠不过是一个土里土气，头上梳着两只羊角小辫的女娃娃，老板看在她母亲年轻力壮，做工是把好手的份儿上，才勉强答应收留她。然而，老板三天两头就嘟嘟囔囔地絮叨一番，嫌弃她身材瘦小，站在高脚凳上才能上机器干活。

可是没过多久，江竹筠不但做出来的活很漂亮，产量也不比成年人低。

此后，老板娘进车间时，也一扫满脸的阴霾，煞有介事地摸一把江竹筠的小辫子，以示赞赏。或是送一句"小江有出息""小江很能干"之类的热乎话。

江竹筠的母亲对于老板和老板娘的态度转变，觉得脸上有了光彩，不免生出一些"非分之想"，盼着有一天老板能给女儿涨工资。

哪里知道，天下乌鸦一般黑，这些剥削压迫人民的有钱人，都是一样的吝啬，一样的坏。江竹筠就是干再多的活，老板仍然只肯给她发童工的工资，决不会多给她一分一文。

江竹筠质问过老板娘："我干得活不比大人少，为什么发的工资不一样呢?"

老板娘以不容置疑的口气,冷冰冰地回答:"这是厂里的规矩!"

财主嘴大,说啥是啥。江竹筠想,为什么有钱有势的人总是欺负穷人、欺压百姓呢?然而,她没有答案,她只能把心中的委屈咽进肚子里。她只能在机器作业发出的响声中,想象着大山外面所发生的事,想象着大山外面那些陌生的人,来消解自己的烦恼和不快。

大山外面的世界,一定和自己身边的世界不一样,而那个不一样的世界又是一个怎样的世界呢?大山外面的人,又是一群怎样的人呢?她问自己。

她心中充满了好奇,却一点也想不出个头绪。她只有盼着下班的时间到了,可以插空到另一个地方去,平复自己的内心。这个地方就是对岸的旧货市场,是可以供她徜徉的神秘去处……

进了工厂,江竹筠一边做活,一边继续漫无边际地遐想着。忽然,工头来到车间,黑着脸子,恶声恶气地冲大家喊:

"宣布工厂令!"

工头是个结巴嘴子,用手里的皮鞭捅了捅歪在头上的洋鬼子帽,磕磕巴巴地读道:"按……按订货合同,那个有……有一批袜……袜子成品明早装箱发货。所……所以嘛,这个各位今天必须得按人头再加码任务,都……都得抓紧干完活,每个人都不许……不许耽误。"

民国初期,国民穿的袜子大多用粗布手工制作。后来有了洋袜子工厂,洋袜子在有钱人中流行起来,使得销路不断走俏,利润也快速升高。于是,各地商人纷拥而起,纷纷购买机器开办针织品工厂。也正是在这种情况下，南岸大同袜厂增加了最新的机器设备，"南岸牌"洋袜子在市场上拔得头筹，市场销路不断扩宽，订单激增，商家催货越来越紧，搞得工头心急如焚。

"袜厂上午做工六小时，下午做工还是六小时，一天就是十二个小时，中午只有不足半个小时的吃饭时间，还要加班！"做工的叔叔阿姨边干活，边窃窃私语，"我的妈嘢，心太黑了，这不是索大家的命嘛！"

"一个月时间加了——"运袜料的师傅掰着手指说，"已经有十几个班了吧？吃的是清水萝卜粗米饭，大家做工能顶得住吗？"

工头脸一黑，硬邦邦甩出一句："不赶紧干活讲啥子条件？行行行，中午给你们往菜里多加点猪肉！快干活去，否则……"

运料师傅吐了口唾沫，低低地哼了一声："还不是从宋屠夫那里弄来的臭烘烘的死猪肉，糊弄我们！"

江竹筠没有作声，她知道工头很凶，犯着他轻者挨顿臭骂，重者则鞭子抽、拳头打。

机器的轰鸣，淹没了牢骚声和抗议声。顿时，人便也成了机器，一刻也不敢停地做活，做活，还是做活。江竹筠的工序是织罗口，这道活她再熟练不过了，她的小手上下左右翻飞，思绪却飞向了旧货市场的南端。

对岸旧货市场的南端有一个大棚，卖的全都是收破烂的货郎走街串巷收来的大杂烩，从中分拣出来的那些旧书报，不但发黄、残缺、破烂，还散发出发霉的气味。这些破书烂报纸，买去只能糊墙用，或者做土布鞋（拿布头糊鞋底儿时，铺在夹子板上做隔离层使用），所以很便宜。江竹筠在这里可以免费阅读，不用花一分钱。有一次，江竹筠捡起半张被风吹来的纸片，那上面的内容，让她产生了浓厚的兴趣。

她凭着母亲平时教给她识得的一些字，又在道门口一所教会小学读过一些日子的书，便断断续续读出了上面的一些消息，比如"京汉铁路""吴佩孚""军阀""全国铁路工会""大罢工"，等等，还有"领导工人向资本家进行斗争，要求增加工资、改善劳动条件""实行八小时工作制、提高工人待遇""二七惨案"，等等。

这些文字表达的意思，她似懂非懂，但又觉得稀奇、新鲜、刺激。她读过后，甚至有些冲动。这种冲动是什么呢，又说不出来。或许就是渴望知道更多外面的信息吧！

江竹筠意识到，沉浸在大山里的这座城市，让她知道的东西太少了，外面一定存在一个更大、更广阔的世界，那个世界一定曾经发生过很多事情。

江竹筠去旧货市场的次数多了，知道了外面的世界风起云涌，天天都在发生着令人震惊、意想不到的事件。但是，她不敢声张，更不敢告诉别人，尤其不敢告诉母亲。

她害怕那些悲惨的事情说出去，会把母亲吓坏的。母亲是一个心地善良的人，如果听闻那些溅血掉头的事情，母亲一定会战栗。

到了收工的时候，外面的雨已经停了，天空却依然黑沉沉的，就像扣着一口大铁锅，看不到月亮，也看不到一颗星星。

忽然，么姨步履匆匆地来到了母亲身边，她告诉母亲：在孤儿院患软骨病的弟弟江正榜，病情越来越严重了。

其实母亲早就知道儿子的病情，只是由于家境贫寒，一时顾不上孩子罢了。

幺姨着急地说:"孩子的病情,千万不能再耽搁了。"

母亲望着因整日劳累,再加上营养不良,长得十分瘦弱的女儿,心疼地说:"竹筠,你退工吧,回家照顾弟弟去吧。"

当母亲把江竹筠因为照顾弟弟不得不退工的决定告诉袜厂的老板时,老板呵斥道:"你这个娘们儿没长眼睛是吗?不懂眉眼高低!车间正忙得很!这是工厂,这是做工,这是……唉,你这女人不懂,要遵守规矩的,怎么能说来就来,说退工就退工呢?"

挨了一通机关枪,母亲低声解释:"我们孤儿寡母,没有钱给孩子看病,只有这一个办法,让她待在家里照顾弟弟……"

老板娘哼一声:"要退工,你娘俩就一起退工!"

母亲急得差点流出眼泪:"我只是要孩子退工,没要求我们娘俩一起退工……"

江竹筠知道不让自己退工的原因,为的是从自己身上榨取更多的血汗,占更多便宜,要她继续给厂子卖命。望着颐指气使的老板,似乎有一种力量推动她向前一步,她挺身横在了老板面前:

"老板,你们家也有孩子吧?"

又问:"孩子有病,难道不能家人来照管吗?"

老板斜了她一眼,始料不及,这个乳臭未干的女娃娃,竟敢如此理直气壮地顶撞自己!

江竹筠豁出去了,用与她年龄不相称的语气,果断地拉起母亲的手说:"这个厂子老板不讲道理!妈,我们走!"

"给老子……"差点跳起来的老板,滚字还没出口,工头赶紧过来对着老板耳语了几句。老板立刻收起了怒容,朝着江竹筠母亲谄笑道:"嘿嘿,我也是个爱做善事的菩萨心肠,这样吧,你接着好好干活吧！"

眼看就要降临的一场风雨过去了。回家的路上，母亲非常欣慰，女儿给自己解了围，要不然厂里退工，一家人断了收入，以后这日子就难上加难了……

"姐，以后我也会多帮忙照顾一些正榜。"幺姨懂得袜厂这份工作对于姐姐的重要性。

姐姐李舜华嫁到自流井大山铺朱家沟，公公是一个淳朴厚道又精于持家的农民，可偏偏养了一个不争气的儿子江上林：不伺农桑，疏于稼穑，怕吃苦，不顾家，是个不靠谱的男人。江上林和李舜华结婚不久，便与父亲分宅另过。他曾经在一家轮船公司的船上开灶办伙食，这样还多少给家里一点钱。后来轮船公司破产，江上林失业，从此也就不管这个家了。他在城里晃来晃去，漂泊了一些时日，抛下妻儿三人，独自回了家乡。没几年，便在家乡过世了。

自己有没有这个不争气的父亲，生活都得照样继续，江竹筠就跟母亲一起担当起家庭的重担。与老板的斗智斗勇，竟然让炒母亲鱿鱼的老板改变主意，也算是山重水复疑无路，柳暗花明又一村吧。

母亲李舜华依旧沉浸在刚才发生在厂子里的一幕中，对妹妹说："工头跟老板咬耳朵，一定是因厂里正缺少人手，再解雇工人就完不成订单了。但是，如果没有竹筠据理力争，老板也不会改变主意的。"

幺姨会心地笑了，拉着江竹筠的小手夸赞："竹筠呀！你不但长大了，懂得给妈妈分忧，而且还很有骨气！"

苦难的中国

自流井关刀石是江竹筠外婆家，很多嫁出去的姑娘生了孩子，有让孩子回来住外婆家的惯例。左邻右舍都知道，小竹筠是住得最久的娃娃。她到外婆家玩，一住就是几个月，外婆和幺姨都不肯让她走。

在关刀石一带的贫民窟中，现在的外婆家，已经是富足的人家了。

从前的外婆家，外祖父李焕章靠走街串巷，给人做些工匠的活，挣钱来维持生计，收入还算不错。但是由于家中拉扯着七八个孩子，要吃的，要喝的，这样下来总是入不敷出，日子过得十分寒酸。清末，外国人来到自流井修教堂，传经布道，宣扬什么"神的爱"，李焕章趁机谋了一个给教堂干活做苦力的差事。他有手艺，人本分，勤恳能干，人缘很不错，因此，教堂神父就提拔他做了管事，负责采购物品，家境才渐渐好起来。

家境的变化，使李家能让子女读书了。幺姨李泽华读过几年旧学,还进过教会办的学堂,做起事来循规蹈矩。在江竹筠眼里,幺姨是一个有学问,有阅历,有见识,且怜老惜贫积德的人。

幺姨每次去街上买吃食,遇到逃荒的可怜人,总是主动施舍一些,要不就给几个小钱。她常说,我们也是从苦日子过来的人家,懂得穷人的难处,能帮就帮一点吧。

江竹筠聪明活泼,不调皮、爱干活,从小就跟着母亲到田里挖野菜、打青草。大人栽种胡豆时,她双手捧着水瓢在后面浇水。青苗长大了,她捉虫子、护苗,样样都干。稍大一些,就帮着母亲烧柴煮饭,洗刷锅碗瓢盆……幺姨看在眼里,怜在心中,很是喜欢亲近姐姐的这个小姑娘。

听到挑担卖货的货郎鼓声,或者遇到卖吃食的商贩,幺姨总是会跑过去,买些好吃的零食回来:香酥脆爽的陈麻花呀,透明如纸的灯影牛肉呀,甜甜的江津米花糖呀,绵软味香的合川桃片呀,真是好吃极了!还有她最爱吃的,面铺上热气腾腾的重庆粉,放上辣椒油、花椒面、葱花,还配有炒香的花生碎和姜末,再冲上滚沸的骨头汤,呵,那香气直浸人的心脾。

小竹筠记忆犹新,第一次吃粉的时候,幺姨刚让她坐凳子上,卖粉的老汉立马热情地端过来一碗热气腾腾的米粉。那个香啊,就像有只小手在胃里召唤,很快就吃进肚里了。

老汉问:"还吃吗?老爹今天管你吃个够。"

江竹筠摸摸自己的小肚子,已经实在吃不下了。

幺姨付钱的时候,老汉坚决不肯收。

"老爹,你是小本生意,咋能白吃你的米粉呢?"

"姑娘!"老汉哽咽了,"你已经认不出我老头子了。几年前,一个衣衫褴褛，满脸尘土，一路逃荒到这里的贡井叫花子，那就是我。是你一定要给我买些窝头让我回家。我一路吃着那些窝头，才没有饿死。"

幺姨坚持付了钱，从此常带着小竹筠光顾老汉的生意。这也让她深深感受到了幺姨的善良。

幺姨看过很多书，都是江竹筠看不懂书名的书。幺姨常常抱着厚厚的书卷读到深夜。

幺姨最擅长的就是讲故事，她讲述的故事，情节玄奇，高潮跌宕，引人入胜，江竹筠痴迷于幺姨娓娓道来的那些故事。

幺姨讲得最多的是《搜神记》中的"韩凭夫妇"和"创世女神女娲补天"的故事。江竹筠被这些故事感动了，不禁泪流满面。

悲惨的故事不但出现在书卷中，也发生在生活中。

江竹筠目睹过关刀石街道两侧多如牛毛的赌局和鸦片烟馆，闹出的命案，骇人听闻。

赌摊分三六九等。有玩牌的，有打麻将的，还有一些说不上名目的玩法。玩的价码也浑然各异，有玩小的，也有玩大的，更有不输得精光、身上不剩分文不罢手的，还有输宅子输地输老婆的。

赌是罪恶的社会产物，不知祸害了多少家庭！

幺姨说过，开赌局的都是流氓混仔，属于职业赌魔。他们惯于玩"千术"、"做局"骗人。只要不明就里，看上去玩得很简单，谁都容易得手，傻子也能赢钱，所以心动，觉得自己不来赌一把，等于是个傻子，结果就上了当。

有个来自贡井的打工汉，给人扛活挣了几个钱，还没来得及送回家，就被骗上了赌局。

那天，乡下的妻子远道来寻打工汉，日子实在过不下去了，家里老人孩子等着在外打工的人挣了钱，回去买米糊口呢。

可打工汉不但输光了钱，也输红了眼。他已经身无分文了，庄家轰他，可他哪里肯甘心。

庄家骂他："你已经把腚输掉了，只剩下屁了，还赌你个穷脑袋不成！"

打工汉犯拧上来了倔脾气，表示不把血汗钱捞回来，决不罢休。

庄家嘲笑："没钱下注，赌你的屁谁稀罕！莫非把老婆拿来？"

打工汉的妻子被气得大哭，昏厥在地。

那天夜里，打工汉把腰带挂在了树上，最终以自己选择的方式，与罪恶的世界做了最后的了结……

那时的军阀到处都是，遍地兵痞。部队弄军饷，都是实行"就地筹款"。就地筹款，就是谁管了地盘，谁就有资格就地搜刮。无人不知这几个字的厉害。所以当地长期流传着"捐如狼，税如虎，苛捐杂税不吐骨"的民谣。说的是军阀要捐要税，榨取老百姓血汗，从来没手软过。为了扩大财源，军阀们对开赌场、妓院、烟馆，一律支持。因为这些是来钱最快的行当，只要给付税，给拿捐，干啥都行。只要能搜刮到钱财，不但不管，还暗中提供保护。管它赌局出什么人命，谁还在乎烟馆祸害百姓。

幺姨告诉她，这是因为清朝末年，农民染上鸦片，让土地荒芜；宦官吸食鸦片，贪污腐败更加严重；读书人跟鸦片结缘，放弃功名……惹得洋人用鸦片撬开了中国的大门，留下的遗产，官府军阀全部继承拿来，从中大发横财，然后再用这些脏钱养兵打仗，互相残杀。

江竹筠从小就明白了一个道理，玩钱、吸毒大行其道的社会，是罪恶的社会；糟蹋女人尊严的丑行大行其道的社会，是应该彻底埋葬的社会。

谁来救赎这个可悲的民族，谁来挽救这个多灾多难的国家？江竹筠问过幺姨。

幺姨没有回答。

要搞懂这些事情，似乎太深奥了。不但小小年纪的江竹筠无法搞懂，就是幺姨也无法给出答案。

幺姨说："大概只有上帝吧。你外祖父听教堂里的人说，神爱世人，上帝耶稣基督对全人类和整个宇宙大爱无疆。"

江竹筠问："已经建造了教堂，教会有那么多洋人，为什么百姓依然吃不饱穿不暖呢？"

幺姨说："官府正在放纵大兴土木，到处都在修建庙堂呢！或许菩萨能救苦救难，普度众生吧。"

"菩萨……"江竹筠想起跟着幺姨去集市的时候，曾经路过庙门，见到香火缭绕，呛得她鼻子发酸，喘不过气来，给菩萨磕头的人排到了街上。

路边有几个摆地摊卖香火的老太婆，在寒风中逢人就喊："买香火吗？进去拜拜吧，很灵的。"

江竹筠不解地问幺姨："不是神仙在中国已经有千百年了吗……"

学而不厌的女少年

母亲李舜华在厂里做工,还要捎带帮人做些浆洗缝补的零活,贴补家用。她累倒了。

回到家里,浑身打寒战,乏力,发烧,出现了一连串的症状。郎中诊过后说,伤寒,劳累,身子骨已经垮了,不能再干活了,应该休息调养。

本就处于拮据中的小家,屋漏偏逢连夜雨,母亲辞去了袜厂工作,又赶上房东来收房租了。

江竹筠把衣服送进当铺,还清房租,跑去一公里外的药房为母亲抓药。

坐诊的朱先生知道江竹筠的家里很贫穷,包上一味中草药,递给她说:"买药会花不少钱,给你母亲吃个不用花钱的偏方吧。"

"这……"江竹筠望着郎中爷爷,不知自己该不该接受。

朱先生说:"这是败酱草。败酱草不是花钱进的药,是我自家后院里长的，不收你钱。"

"谢谢先生！"江竹筠感动得连忙给老人家鞠了个躬。

朱先生久久望着江竹筠瘦弱的背影，喃喃自语："孩子，我也是朱家沟来的，同是乡亲，还谢什么呢？"

天气越来越冷，母亲的身体也好得差不多了，正合计往下的日子该怎么过，这时江竹筠的三舅李义铭来了。

三舅很有钱，说话拿腔作调的，字字句句表现出他是一个有排面的人。三舅不但发家了，身体也发福了，戴着金丝眼镜，穿着笔挺的西服，领带垂在胸前。他家如今搬迁到了观音岩新居。

三舅拉了一会儿家常，绕来绕去，母亲明白了：三舅的小儿子还小，需要有人照管，妹妹李舜华粗识文字，做事认真，又是至亲，完全符合条件，便想请她当不拿钱的用人。

母亲答应了三舅的要求。因为这样可以解决一家人的生活。

"啊，八月秋高风怒号，卷我屋上三重茅。茅飞渡江洒江郊，高者挂罥长林梢，下者飘转沉塘坳……"不过这里没有浣花溪，这里是重庆。不是8月，已经是10月。李舜华一家在寒风中出发了，江竹筠快乐地给母亲朗诵起杜甫的《茅屋为秋风所破歌》，借此展示自己自学的知识，让母亲开心。

到了观音岩，进了三舅的新居。看那座式布局很够排场，从里到外，到处散发着有钱人的气息。

母亲除了照管小侄儿，教他识字，同时还要洗衣做饭操持家务。由于她勤快，手脚利落，事事有条不紊，样样干得出色，三舅称赞不已。夸她来后，大变样了，不像三舅妈搓麻打牌，忙得顾不上搞家务，弄得家里一团糟。

尖酸的三舅妈本来就对这小姑子一家三口的到来心存芥蒂，听了丈夫的话非常不高兴，气哼哼地扭身给麻友打电话去了。

傍晚，三舅下班带回一个好消息：可以送江竹筠姐弟到孤儿院小学读书。

能够做一个不是孤儿的孤儿院免费读书生，挎上书包，坐进学堂，听先生讲课，举手回答提问……江竹筠不敢多想，高兴得心都要跳出来了。

江竹筠10岁那年和8岁的弟弟在道门口的那所教会小学读过几天书，后来因为家里穷，读不下去了。能再次走进学堂，一直是她不能释怀的梦想。见到路上有孩子们背着书包走过，她会羡慕地潸然泪下。学堂，老师，同学……一度是多么遥不可及的事情，如今骤然夙愿得偿，她兴奋得几乎一夜没有睡好觉。

江竹筠入学后，怀着对知识的渴望，凭着坚强的毅力，徜徉在书海中。她告诫自己，多学一些，多懂一些，才能不辜负三舅送给她的这份求学机遇。

她拼命地学习，引起了另一个小姑娘的注意。

小姑娘在自由活动的时候，悄悄走到江竹筠身边。

"你书不离手，诵不离口。是不是可以说学而时习之，不亦说乎？有朋自远方来，不亦乐乎？"小姑娘一副可爱的笑容，自我介绍："我是新来的，我叫何理立，我们做朋友好吗？"

江竹筠蹲在操场边角的大树下，正在默诵一篇课文，还沉浸在课文内容里，没有顾得上回答何理立。

何理立接着说："我父亲长期经商，无暇顾及，便请人教过我几天子曰诗云什么的。父亲说，女孩子一定要读书，才能明事理。

知识就是力量,有了知识才不会受人欺负,于是送我来到这所有名的孤儿院小学读书,让我读完了小学,再去读中学,我还会读大学……"

很快,江竹筠喜欢上了这个说话直爽,叫何理立的女同学。

校园很大,每天晨操半个小时,她们沿着江堤散步是最有趣味和快乐的时光。她们交流学习体会,交谈课本以外的故事和见闻。江竹筠与何理立聊起了后羿射日、林则徐禁烟、林祥谦被杀、施洋捐躯的故事。

天下大势,浩浩汤汤,流传至今的那些故事,有无数为国为民的英雄豪杰,成了她们心中崇拜的偶像。英雄豪杰的壮举感染了她们纯真稚嫩的心灵。共同的志趣爱好,使她们很快成了至交。何理立说:"我来校报到后,想认识的第一个人就是你江竹筠。你喜欢看书,学习刻苦认真。我爸爸说过,近朱者赤近墨者黑。我喜欢结交你这样的朋友。"

风雨送春归,飞雪迎寒冬,几度寒暑,几度春秋,江竹筠在学海的滋润中成长起来。周末,她独自一人趴在图书室的阅览台上,边查阅《康熙字典》,边饶有兴趣地"啃"屈原的《天问》"……东流不溢,孰知其故?东西南北,其修孰多?南北顺椭,其衍几何?昆仑悬圃,其尻安在?增城九重,其高几里?……"

江竹筠终于搞懂了古人诗作晦涩难懂的字意,兴奋地站起来,面对墙壁朗朗上口道:"……东流的水总不满溢,谁知是什么原因?东西南北四方,哪边更长?南北顺量,长出几何?神话中的悬圃,尾部又在哪里?山中还有增城九重,它的高度又有多少?……"

何理立从外面气喘吁吁地一路小跑,来到她面前:

"告诉你一个好消息,你猜是什么?"

"你从家里带来了一本好看的书?"江竹筠和她的朋友具有同样的爱好,便脱口而出。

"非也非也。"看到江竹筠手里捧着一本古书,何理立调皮地拽起来,"猜哉猜哉!"

俩人说笑够了,才告诉她,学校贴出了考试成绩,公布了同学们升级的名单。

"这次跳级的同学,有你我的名字呐!祝贺你江竹筠!"

"也祝贺你何理立!"

因为孤儿院小学一直以来实行灵活的升降级制度,经过考试后,优绩者升级,特优者跳级,而劣绩者则要降级。江竹筠成绩特优,已经连升三级,排列名次依然名列前茅。

江竹筠不但在本班成绩优秀,就是在全校亦属于出类拔萃的学生,她获得过银质奖牌。

尤其是阅读大量的课外书籍,使江竹筠受益匪浅,给各科的学习,尤其是国语打下了扎实的基础,使她和一同越级的好友何理立相得益彰,成为校园两朵花。

她们互相鼓励,共同许下诺言:快马加鞭,以更加优异的成绩向中学冲刺。

窗外的雀儿,叽叽喳喳叫个不停,好像也在为她们鼓劲儿……

共产党人

李舜华与一向盛气凌人、处处居人之上的三嫂——这位盐商的女儿,再也无法相处下去了。

李义铭也心知肚明,自己的老婆赌瘾正犹如烈火熊熊燃烧,她要趁他不在家的时候,方便把赌局搬到家里,而小姑李舜华的存在实在是碍手碍脚,所以千方百计要把李舜华挤兑出去。

李义铭左思右想,觉得姑嫂这样长期下去总不是办法,于是给了一些资助,让李舜华搬到了临华街四号的一间旧房里。

这样也好,不寄人篱下,不再看三嫂的脸色,过那种难熬的日子了。李舜华在车坝附近摆放了一个小摊位,卖一些居家生活的零碎,或者帮人缝缝补补、洗洗衣物。

与李舜华打交道的都是一些社会底层的劳动者,是在穷困中挣扎生存,拼血汗卖苦力的人。他们有泥瓦工、扫路工、拉脚工,还有走街串巷铜盆铜缸铜锅铜碗儿、焊接、修理铜锁的小炉匠。有了缝补的活，李舜华不收他们的钱，说穷帮穷，自己不过是搭点工夫，也没有贴补别的什么。

这些穷汉子们是实在人，为了照顾她的生意，也特意来她摊位上买家里用的东西，大家都亲切地称她"江嫂""江妹子"。

生活得顺心了，母亲脸上有了阳光，江竹筠心里更是高兴。正是这时，江竹筠遇到了她最敬爱的老师——丁老师，对少女时期的江竹筠影响很大的中共地下党员丁尧夫。

丁老师毕业于川东师范学校，为人正直，学识渊博，而且平易近人，年龄也就比学生们大十多岁，就像大哥哥。江竹筠和何理立经常到他那里帮洗衣服，有了机会便翻他的书，拿来阅读。

丁老师的藏书有很多，江竹筠通过丁老师，阅读了鲁迅的《呐喊》等大量进步文学作品。

正是民国军阀混战时期，四川变成了军阀混战最频繁的地区，从辛亥革命以来，四川发生过几百次战争，几乎每月都有战事。参战的军队，在辛亥革命后只有5个师，大到发展成300余团，相当于40个师130万人以上的兵力。他们搜刮民财，抢夺百姓，霸占民女，无恶不作。南昌的蒋介石派兵兵分三路对革命根据地的工农红军进行"围剿"，红军在毛泽东、朱德的指挥下，采取"诱敌深入""避其主力，打其虚弱"的作战方针，从福建千里回师赣南，并以一部兵力结合地方武装，迟滞敌进，然后东进莲塘、良村、黄陂，并三战三捷，胜利粉碎了敌人的第三次"围剿"。蒋介石政权与各地军阀加紧联动，把反共作为重头戏。军阀们则出于反动本性，与蒋介石遥相呼应。

大街上盘查过往行人，缉拿共产党，有人被抓的事情时常发生。

有逃荒的外地人，不过长得白净些，就被说不是种田人，是共党分子，逃跑时被一枪打死。

孤儿院里也宣传一些反共谎言，欺骗学生。

江竹筠和一些同学问："共产党是干什么的，这般可怕？"

丁老师不置可否，既不谈共产党，也不讲国民党，而是侃侃而谈，巧妙地把孔子的话断章取义，说"知之为知之，不知为不知"才好，意思是，知道就知道，不知道就不知道，这样才好。惹得读过几天《论语》，理解老师苦衷的何理立嗤嗤直笑。丁老师话锋一转，要求学生们要刻苦读书，做好自己的功课，将来成为有用之才，为国家效力。

晚上回到宿舍，丁老师给江竹筠和何理立取出一份纸面发黄了的《语丝》周刊，这是鲁迅发表文章《记念刘和珍君》的第七十四期，丁老师一定是珍藏了很久。

刘和珍是北京学生运动的领袖之一，1926年在"三一八惨案"中遇害，年仅22岁。鲁迅先生在参加了刘和珍的追悼会之后，亲作《记念刘和珍君》一文，追忆这位始终微笑和蔼的学生，痛悼"为中国而死的中国青年"，歌颂"虽殒身不恤"的"中国女子的勇毅"。

丁老师并不讲这些事情的始末，只是给孩子们读起原文来。

"中华民国十五年三月二十五日，就是国立北京女子师范大学为十八日在段祺瑞执政府前遇害的刘和珍杨德群两君开追悼会的那一天，我独在礼堂外徘徊，遇见程君，前来问我道，'先生可曾为刘和珍写了一点什么没有？'我说'没有'。她就正告我，'先生还是写一点罢；刘和珍生前就很爱看先生的文章。'

"这是我知道的，凡我所编辑的期刊，大概是因为往往有始无终之故罢,销行一向就甚为寥落,然而在这样的生活艰难中,毅然预定了《莽原》全年的就有她。我也早觉得有写一点东西的必要了,这虽然于死者毫不相干,但在生者,却大抵只能如此而已。倘使我能够相信真有所谓'在天之灵',那自然可以得到更大的安慰。但是,现在,却只能如此而已。"

江竹筠发现老师的眼睛里有泪光。老师甚至读不下去了。那么,刘和珍和杨德群两君,与丁老师有什么关系呢,丁老师没有说。

丁老师继续读道:"真的猛士,敢于直面惨淡的人生,敢于正视淋漓的鲜血。"

回到宿舍,江竹筠的心情久久不能平静。她想起老师讲过的秋瑾、顾正红,想起自己从旧报纸上看过的林祥谦等烈士的故事。这些人都是为了穷人、为了国家捐躯的,杀掉他们的那些刽子手则是腐朽没落的腐败政权,是军阀!她似乎懂得了一个道理,有些事情,只能意会,不能言传。种子埋在土壤里,终究会发芽。正义感和爱国心,正在她幼小的心灵中萌动。丁老师用潜移默化的方式锻炼着孩子们的意志,引导他们去思索,去分析鉴别这个社会上所发生的一切,鼓励他们勇敢地去追求真理……

起风了。

似乎聚集了很长时间的寒气,变成漫天乌云,就像一口巨大的铁锅,一口黑色的大锅,从遥远的巴山袭来。骤然间,黑沉沉的天空,带来了山雨,冰雹、狂风无情地肆虐,像鞭子一样狠狠地抽打着大地,抽打着山城重庆。山城似乎就要被撕碎了。

趁着天气的掩护,一场大搜捕在山城展开。

国民党政府身穿雨衣荷枪实弹的士兵,虎狼一般在城市的街道呼啸而过。有很多穿草鞋的和穿长衫的人，被粗暴地投向警车内。

他们要逮捕丁老师。

丁老师正在讲课，他平静地看了一眼杀气腾腾的士兵，脸上挂着无所畏惧的微笑，昂然走出教室。他已经给孩子们写完了课堂作业的最后一道题目，对大家留下的最后一句话是："同学们，要安静地做作业，作业做好了交到讲桌上。"

望着窗外裂开长空的闪电，鸣叫的警车，冰冷的手铐，闪着寒光的刺刀，风雷不惊的丁老师，江竹筠和同学们被震颤了。可亲可敬的丁老师，他的身影是那样伟岸高大，就像一个巨人，屹立在大家的世界中。

学校贴出告示，宣布丁老师是因共产党嫌疑被中央军别动队逮捕的。学生们觉得很可笑：既然丁老师是共产党，那么共产党有什么可怕呢？丁老师是最好的老师，最好的人不惧杀头也要当共产党，国民党军阀们那些长期进行的反共宣传，难道不是欺人之谈吗？

如果说从小热心读书，刻苦学习，想争第一，想出类拔萃的动机，不过是出于朴实的想法，为了有一天能独立工作，为了与母亲共同撑起遮风挡雨的家，而如今在与丁老师的接触中，江竹筠的境界提升了，思想升华了，心胸开阔了。江竹筠满腹心思，立志要做一个像丁老师那样博学多才，目光远大，关心国家民族，受人尊敬的仁人志士。

她对共产党的事业充满了憧憬和向往，暗暗鼓励自己，总有一天会去追寻共产党的足迹，投身共产党的事业……

心向共产党

日本明治维新后，严重的资本主义经济危机，给日本以沉重打击，进一步加剧了国内的阶级矛盾，日本为转嫁危机，摆脱困境，加速了以武力侵略中国的步伐。

关东军相继制造"万宝山事件""中村事件"，为进攻东北寻找借口，战事一触即发。蒋介石则遇敌不顾，下达不予抵抗的命令，集中力量诛除异己和"围剿"工农红军。日军趁机侵占辽宁、吉林主要城镇，攻陷奉天、四平、营口、安东等及南满铁路沿线城镇。长春陷落，洮南失守，锦州一败涂地，日军向齐齐哈尔进犯。省会哈尔滨、黑龙江省主要城镇成为沦陷区。1932年3月1日，日本帝国主义的傀儡、清废帝溥仪出任"执政"的伪满洲国，发表"诞生"通电。至此，东三省沦为日本殖民地。

中国共产党以宣言、通告、通令、决议、布告、告人民书、告白军官兵书，以及毛泽东等中共有关领导人的抗日言论等多种形式，竭力主张抗日。1935年8月，中国共产党发表著名的《八一宣言》，深刻指出中华民族所面临的严重危机，号召停止内战建立抗日民族统一战线、组织国防政府和抗日联军，以便集中一切国力去为抗日救国的神圣事业而奋斗。中国共产党又在瓦窑堡会议上确定了建立抗日民族统一战线的策略方针，在全国各界引起广泛反响。中国共产党在抗战初期就高高举起抗日的旗帜，把抗日作为一项神圣而坚定的主张。这与国民党当局的不抵抗政策，形成了鲜明对照。特别是，1932年4月15日由毛泽东起草的《对日战争宣言》的发表，在全国各党派中间独树一帜，起到了很好的表率作用，在全国产生了积极影响，得到了包括宋庆龄在内的民主党派领导人和一些国民党上层人士的称赞。

日军继占领东北后向华北逼近，国民党蒋介石不顾民族存亡，依然顽固推行"攘外必先安内"的反动主张，与共产党为敌，屠杀共产党。"一二·九"抗日救亡运动爆发，即1935年12月9日，北平大中学生数千人举行了抗日救国示威游行，反抗日本帝国主义，要求保全中国领土的完整，掀起全国抗日救国新高潮。12月12日，北平学生举行第五次示威游行，高呼"各党派联合起来"等口号。这是中国共产党领导的一次大规模学生爱国运动。

天津学生组成南下扩大宣传团，深入群众中间宣传抗日救国。杭州、广州、武汉、天津、南京、上海等地相继举行游行示威。北平学生的爱国行动，得到了全国学生的响应和全国人民的支持，形成了全国人民抗日民主运动的新高潮，推动了抗日民族统一战线的建立。"一二·九"运动公开揭露了日本帝国主义侵略中国、吞并华北的阴谋，打击了国民党政府的妥协投降政策，大大地促进了中国人民的觉醒。它配合了红军北上抗日，促进了国内和平和对日抗战。

重庆也是山雨欲来风满楼，爱国的激情如潮水一般涌动。

"枪口对外，雪我国耻，不杀老百姓，不打内战……"

激越雄壮的歌声，在上空飘荡，震撼了山城。江竹筠小学毕业，已经考入南岸中学，大家悄悄相互传告，知道了很多共产党抗日救国的故事，心中彻底明白了国民党蒋介石和一些军阀的狰狞面目和无耻嘴脸。

江竹筠在日记中写下了一首小诗，以抒发感情："时间是最好的见证，让我们把一切看得分明。黑的，白的，美的，恶的，再也无法掩藏，因为事实擦亮了我们的眼睛，我们不是明月，我们不是星星，但我们是萤火，有一点光亮，也要让恶魔无法隐身在暗中……"

多灾多难的中国，此时各地灾荒频仍，民不聊生，从北方路面上涌来的逃荒者，满脸菜色，蓬头垢面，哀鸿遍野，十分可怜。

为了挣钱贴补家用，江竹筠担当了周末帮三舅抄写文书的差事。因为第二天返校，她做完事后，便背着书包朝家中走去。

她抬头望着瘦骨嶙峋的外乡逃荒人擦肩而过，冰冷的飞雪像利刃割着破衣裸露的肌肤，不由触景生情，顺口咏来一首刚学过的古诗："春种一粒粟，秋收万颗子。四海无闲田，农夫犹饿死。"

"半夜呼儿趁晓耕，羸牛无力渐艰行。时人不识农家苦，将谓田中谷自生。"

有人对诗，江竹筠见树下站着一个人，便停下了脚步，问："请问你是……"

"你背诵的是《悯农》，作者是唐代李绅。我背诵的是《农家》，作者是唐代颜仁郁。"

对诗的人远看是一位逃荒的青年小伙子，待走到她面前时，原来是一位俊俏姑娘。她向江竹筠问路："妹妹，我是从外地来的，请问，去贺仁药店怎么走？"

"贺仁药店——"江竹筠忽然想起坐诊的朱先生，"我知道的，可是那个药店，已经被军阀侵占了，我认识药店的坐诊郎中朱先生，可是个好人呢！"

"我叫岫岩，朱先生正是我要找的人，快告诉我他去哪里了？"

"听说去了沙坪坝，离这里好远呢！"

"去我家吧，天色这么晚了。"江竹筠又说。

晚上，两位姑娘睡在一起拉起家常。岫岩家住四女寺减河侧畔，恶霸地主刘家的果树园里杏花盛开，佃户的儿子折了他家的杏花，被活活打死了。佃户和他二女儿的未婚夫到县衙门去告状。但刘家买通了官府，不容分说，就将佃户赶下堂来，并借口他的未婚女婿欠租不还，押进监狱。还翻出陈年老账，硬说佃户积欠旧租，叫狗腿子把佃户的二女儿抢去顶租，又拔佃户的工，叫他给刘家去拉土。佃户不幸被车轧伤，地主又把佃户的二女儿强奸了，佃户气得咽了气。岫岩的父亲是位私塾先生，因说了几句公道话，就被官府抓进县衙。逃出来后参加了保定直属区特委组建、由牛文良领导的抗日武装大队，即保属大队。由于汉奸告密，被与军阀勾结的保安团包围。牛文良在指挥突围的战斗中身受重伤后被俘，敌人用尽酷刑，但他宁死不屈，最后光荣就义。岫岩的父亲为了躲避追缉，转到外地，临行前安排女儿岫岩到重庆姑父也就是朱先生家中暂避。

江竹筠听了这些人间不平的奇闻，心生感慨，与岫岩谈论起不平事到处都有：同学中传闻的四川大地主刘文彩当清乡司令时，把追查共产党当成了清乡的首要任务,一次他的手下抓住五位共产党员,全部残忍杀害,有一位的心脏竟然被他们挖回去吃了。他倚仗军阀势力,在宜宾城内搜刮民财。军阀刘文辉败退雅安后,刘文彩回安仁镇老家,用盖有关防的空白官契霸占民田、买"飞田"、吃"心心田"、买"官田"等手段,逼得无数百姓家破人亡。农民租种他的一亩田,先要交二斗黄谷作押金,由于通货膨胀,押金往往贬值,他便采取夺田另佃或换订新约的办法要佃户重交押金;他还特制量斗,用大斗进、小斗出的办法,在农民交租、购借粮时进行盘剥。刘文彩妻妾成群,还强奸民女。侍候他家的奶妈、丫头、雇工饱受虐待和折磨,甚至致残致死。刘文彩还豢养了一批武装家丁和打手,心狠手辣、肆意滥杀。

俩人的悄悄话一直说到天亮。江竹筠觉得自己的认识又进了一步。军阀混战,民不聊生,受伤害的是劳动人民,那些扛枪打仗送死的也是老百姓子弟,剥削阶级激烈的内部斗争,使劳动人民遭受剥削阶级统治,受到残酷压迫。国民党不实行民主,不愿触动大地主大资产阶级的利益,人民群众的利益得不到应有的保护,到处是抓壮丁,老百姓流离失所。而共产党领导的全面抗战路线,不仅代表着全民族的利益,更重要的是代表着工人、农民等被压迫被剥削者的利益。他们发动群众,减租减息,得到老百姓广泛支持。共产党部队在恶劣的环境下不断发展壮大,是民族斗争和阶级斗争的必然结果。人民心向共产党!

送走了岫岩,江竹筠的脑海中翻来覆去想的是:穷人受到剥削压迫而穷,地主恶霸有反动势力撑腰而胡作非为,国民党和反动军阀为了统治阶级的私利,不积极抗日,反而把枪口对准了共产党……

团结抗战

1936年12月13日，西安事变的第二天，山城重庆沉寂在恐怖的气息中，大街上时有布防的部队匆匆而过，军用汽车发出焦灼的鸣笛声，听起来十分刺耳。一向嘈杂的市曹，行人寥寥，已经没有了叫卖的小贩，没有了揽活的蹲街汉。各家各户关门上锁，几乎所有的窗口，都晃动着眼睛，惊恐地张望着外面，不知道外边会发生什么重大事件。

各种小道消息，就像长了翅膀，在南岸中学的同学间流传——

"张学良兵谏蒋介石，已经登报了！"

"在西安，蒋介石被张、杨二将军活捉了！"

"张学良、杨虎城提出'停止内战，实行民主，一致抗日'的主张！"

何理立问："蒋介石不抗日、打内战，杀了他，是不是抗日的队伍就会壮大，被逮捕的丁老师就会放出来，重见天日？"

江竹筠回答："走，我们去看个究竟！"

江竹筠不相信事情会那么简单，拉着何理立，跑到大街，穿过几条胡同，然后来到储奇门路口。这里刀枪密布，铁丝网拦断了道路，一排排沙包堆积成掩体。不但架起机枪，还有迫击炮阵地设在开阔地带。身穿土黄色军装的中央军躲避在沙包后面，头顶着铮亮的钢盔，偶尔露出眼睛朝对面窥视一下，赶紧把头缩回去。那样子似乎担心战斗随时发生，子弹会随时飞来。

一会儿，一只自制的潜望镜从沙包后伸出来，看上去十分滑稽。

远处与中央军对峙的，是穿着灰色军服的川军，这是长期军阀混战中练就的，被称之为烟枪和步枪并有的"双枪兵"。整箱的手榴弹摆在阵地上，还拉来了几门山炮。提着手枪的军官杀气腾腾，似乎战争一触即发。

江竹筠低声说："中央军和军阀双方都弄来这么多弹药，一旦开火，把重庆打个烂，老百姓可就遭殃了。"

何理立说："听说他们这些乱打滥杀的家伙，都是浑水摸鱼，在趁机给主子争抢地盘！"

江竹筠想起丁老师："看来丁老师马上放出来是不可能了，那么，但愿他不会遭毒手。"

山城重庆已经变成了火药桶，让江竹筠一夜未眠。她在为母亲的安危、同学们的安危，深深担忧。

那段时间里，她心事重重，一直关注着局势的变化，心中盼着蒋介石和各路军阀不要挑起战火，盼着山城不会遭遇劫难，盼着一切都会慢慢地好起来。

很快有新的消息传来，各种议论，也跟着风传开来。

"已经把蒋介石放了……"

"西安事变已经和平解决……"

"据说共产党参与了谈判……"

在惶恐不安中度过的重庆,中央军和军阀的对峙结束,避免了大规模流血,剧社、烟馆、妓院、赌场又火爆了起来。打着政府旗号派捐派款、贩卖毒品、勒索钱财,勾结土匪杀人越货,更加嚣张。各派势力各怀心事,从不同的视角,以不同的心态,大肆庆祝。江竹筠和她的挚友们深为不解,相约拒不参加活动,以示抗议。

蒋介石在全国抗日怒潮的逼迫下,勉强接受共产党的要求,于7月31日宣布释放了因1936年联名发表《团结御侮的几个基本条件与最低要求》呼应国共双方停止内战、组成抗日民族统一战线的主张,并要求国民党停止"剿共"而被捕的七君子沈钧儒、邹韬奋等,学校和社会团体的爱国活动得到一定发展。

忧国忧民的情绪在校园蔓延,校园的墙壁上出现了"国家兴亡,匹夫有责""佑我中华,抗击倭寇"的标语。一大早,同学们手挽手,一起向大街上涌去。

江竹筠和同学们组成歌咏队,演唱救亡歌曲,宣传抗日的道理。

要勇敢,

莫低头。

要战斗,

莫却步。

面对强敌不退后,

不怕热血流。

山河破，

身临生死的关头。

同胞被杀戮，

疆土被强占，

我们再也不低头……

江竹筠拥有良好的天赋，15岁时，曾为广播电台演唱过歌曲，声音甜美，歌喉动人，情真意切。她的旋律吸引了很多人驻足聆听。

正是国难当头，家园破碎，联想起我们命运多舛的民族，从鸦片战争到七七事变，不足百年，内忧外患，饿殍遍野，百姓何曾过过一天的好日子……令多少人唏嘘不已，多少人眼中挂满泪花，多少人泣然而去。

9月，《新蜀报》套红刊登了"陕北红军改编为国民革命军第八路军，正副总司令朱德、彭德怀就职"的消息。事实是8月25日，中国共产党中央革命军事委员会主席毛泽东和副主席朱德、周恩来向全军颁布了《中央革命军事委员会关于红军改编为国民革命军第八路军的命令》。改编后，红军前敌总指挥部改为第八路军总指挥部，朱德任总指挥，彭德怀任副总指挥，叶剑英任参谋长，左权任副参谋长。

通电中说："日寇进攻，民族危急，敝军请缨杀敌，义无反顾……"

9月12日，报上刊登出抗日战争爆发后，中共中央为国共合作抗日发表的《国共合作宣言》。《国共合作宣言》提出发动全民族抗战、实行民主政治和改善人民生活等三项基本要求，重申中共为实现国共合作的四项保证。这个宣言，标志着抗日民族统一战线正式形成。

这些消息令江竹筠十分激动，这是第一次在国民党收编的报刊上公开报道红军的讯息，她赶紧把内容抄写到壁报上，还特意画上群鹰在天空中飞翔的插图，表达自己的祝愿。同时带领同学们踊跃参加募捐寒衣运动中。在母亲的支持下，江竹筠一个人为前线浴血奋战的将士们制作了五件新衣。在学校领导这一活动的中共地下党员曾丝竹汇报时说："江竹筠并不是个出风头的学生。她深沉稳重，做事扎实，对国家和民族充满了感情，在爱国青年中表现突出……"

江竹筠的热情表现，已经引起了党组织的关注。

抗日的战火，给山城的政治、文化生活带来了飞跃的变化，共产党和国民党在对重庆抗日文化运动领导权上进行着日益激烈的斗争。1938年，左翼文化大军陆续抵达重庆。新华日报社、全国"剧协""作协"等大批文化机构、团体和郭沫若、阳翰笙、老舍、曹禺等文化名人，都先后随国民政府行政院和军委会迁到重庆。各抗日团体、机关、学校，到处进行抗日宣传活动。10月，在重庆举行了以宣传抗战为主题的中国第一届戏剧节，公演《保卫卢沟桥》《八百壮士》《放下你的鞭子》等剧目。还有街头演出队，如怒吼剧社、国立剧校、华北宣传队等，进行了大规模街头剧演出，盛况空前。已故鲁迅先生所主张的"民族革命战争的大众文学"，已经成为旗帜鲜明的运动。抗战文化的洪流，击穿了国民党散布的重重迷雾，照耀着无数爱国、爱真理的同胞前行的道路。

这时，江竹筠已经能直接听到中国共产党的声音，她家里订阅了《新华日报》，热心关注着国际形势的变化，时刻关心着中国共产党和中国共产党所领导的抗日武装的动向和发展。她深知，中国共产党的壮大，与炎黄子孙每个人的命运息息相关，与国家的未来已经紧密联系在了一起。

巴县小镇

1939年,江竹筠考进了重庆南部几十公里,地处巴县一个小镇的中国公学附属中学。

这里丘陵起伏,低山凹凸,平地极少。就是这样一个偏僻环境,同样被白色恐怖所笼罩。国民党反动派活动异常猖獗,他们破坏革命组织,对共产党人和左派国民党人均加以"宣传共产,运动赤化"的罪名,予以"通缉归案"。校内进步师生的正常活动遭到监视,外出受到限制,反对同学们订阅进步报刊,禁止谈论共产之事。对进步学生随意传讯借故开除,对抗日救亡活动动辄扣上"共党异动"的帽子无情打压,气氛十分紧张。

江竹筠刻苦钻研学习功课,同时阅读了大量课外读物,所以阅览室是她光顾最多的地方。

一天,学校派搬运工冒雨送来了一批旧书刊。这些书刊被大捆大捆地随意丢在墙角,还没有来得及整理,有的捆绑已经松开,一本本书籍散落在地上。

见到这么多书籍、期刊，还有报纸，虽然出版发行时间已经过去很久，但江竹筠却如获至宝，如饥似渴地阅读起来。

这时，一本书进入她的眼睑。她捧着这本封皮早已残缺不全的小册子，激动又紧张，几乎屏住呼吸，一口气读完。

江竹筠想把这本书珍藏起来，对于政治的敏感性告诉她，这样做不行。她便快速地浏览了一遍，强行记住了其中的一部分内容后，爱不释手地把这本书放回了原处。

果不其然，第二天就惊动了校方。几个警察以"某图书馆搬迁，有禁书被当作旧货误售到此"之名，暂时查封了学校阅览室，并盘查师生中是否有人读过一本叫作《共产党宣言》的禁书。

先是召开教务会议，接着召开学生大会，上上下下折腾了一通后，因为没有证据，最后只能不了了之。

江竹筠却借此知道了那本已经失落了封面的读物叫作《共产党宣言》。而《共产党宣言》是一切反动势力和腐朽政权都怕得要死、恨得要命的伟大著作。

江竹筠庆幸自己不期读到了一本如此神圣的"天书"，它开阔了自己的视野，打开了自己的眼界。

恰在这时，抗战前线不好的消息如雪片一样飞来。听闻到的，都是国民党军队败绩，原形毕露，一派烂泥扶不上墙的丑态。

夜里，江竹筠躺在床上，翻来覆去不能入睡，脑海里不停旋转国民党派系争斗，军无斗志，节节败退，让人民深感失望的画面。又想起读过的很多书，有的思想如同流星般一闪即逝，而《共产党宣言》这本书，深邃的思想和磅礴的气势，像恒星一样熠熠生辉，昭示了共产党人的崇高理想：消灭私有制、消灭剥削、消灭阶级，实现人类解放和发展。这不正是无数劳苦大众所向往，所求之不得的吗！

共产党！共产党！这个代表了穷苦百姓，代表了天下人求解放的党，你在哪里？

何理立没有同江竹筠一同进入中国公学附中，而是到铜梁读书去了。江竹筠十分怀念那些朝夕相处，一起阅读课外书籍，一同散步，一同谈心，一起畅想未来的日子。没有何理立的陪伴，自己更要处事谨慎，多加小心，防备国民党的鹰犬和反动势力的走狗盯上自己，更不能让母亲为自己担惊受怕。

江竹筠最爱读的刊物是中国共产党的大型机关报《新华日报》，还有中国共产党机关刊物《群众》周刊，这也是众多进步青年学生热衷于私下阅读的精神食粮。

这时国民党当局为了消除共产党报界在重庆的影响，想尽各种借口逮捕、扣押在街上出售《新华日报》的报童，并以物资紧张为借口，断绝其纸张来源。为此，《新华日报》除了安排自己的工作人员上街发行外，还专门组织自己的报童队伍。同时，报社自办小型纸厂，以保证纸张需求。

一计不成，又生一计，国民党采取所谓的"战时新闻管制"，要求《新华日报》对报纸原稿必须送审后才能刊登。对此，中国共产党报业采取了各种斗争方式得以生存。

为了反盯梢，江竹筠将报页拆成小块，夹在其他课外书籍中，隐藏阅读，并在同学挚友之间传递。

这时，一个来自重庆渝北的女同学引起了江竹筠的关注。因为每当到户外阅读时有陌生人出现,她都会以各种不同的方式向江竹筠告警,有时是故意与陌生人搭讪,有时是故意折断一节树枝发出响声,要不就是站起来活动腰肢以引起江竹筠的注意,但危险过去后,她也不表示什么,就像什么事也没有发生过。

她叫戴克宇。高高的个头,皮肤白皙,留着齐耳短发,成熟老练,喜欢助人。她手中总是捧着一本厚厚的书籍,潜心阅读。看其封面,不是《水浒传》,就是《聊斋》《西游记》什么的古典名著。

戴克宇一双慧眼,似乎无时不在冷静地观察着校园里的人来人往、风吹草动,她能辨识出文化稽查的特务,并提醒大家收好自己的藏书,还在街上巧妙地掩护过卖报的报童。不过,戴克宇谨守一个准则,那就是从不打听别人的来龙去脉,从不过问谁在读什么书,谁看过什么刊物,谁参加了什么活动。

相处久了,江竹筠对戴克宇产生了由衷的敬佩感和强烈的信任感。她想,戴克宇一定比自己懂得多,是一位知识渊博、富有魅力的才女。她甚至觉得自己应该主动和她交朋友,她一定是一位和何理立一样值得深交的同学。

户外活动的时候,同学们正围着墙上的壁报阅读、交谈感想,显然上面的内容已经深深地吸引了大家,戴克宇却坐在树下的一块青石墩上,一言不发面带微笑,远远地注视着大家品评自己的杰作。

"戴克宇同学的字写得真漂亮!"

"画画也这样出色。"

江竹筠走出教室,独自一人来到戴克宇面前,坐在她身边,还没来得及开口,对方好像已经洞悉了她的心思一样,拉住了她的手。

"竹筠姐,下期壁报我们一起来办吧?"

"你画画,我来写字,我保证完成任务!"

"这样,我们同班的六位女同学可以携起手来一起办壁报了!"

"你要多帮助我!"

"我观察很久了,你是个非常优秀的人。

谈话是那样地无拘无束,敞开心扉。

霎时间,江竹筠心里觉得彼此关系拉近了,早就相知甚深一般。从此,她们俩便成了无话不谈的好姐妹、好朋友。

拯救民族于危亡,坚持抗日,打倒列强的声浪,一浪高过一浪。进步师生喊出"读书不忘救国,救国不忘读书"的口号,把社会当成学校,把课堂当成战场,在长江岸边掀起了抗日救亡学生运动的怒潮。学校成立了宣传队、歌咏队,出版了《烽火墙报》。一批进步书刊传进学校,重庆《新华日报》成了高中各班许多同学争相订阅的报纸。每天报童把报纸送到学校的时候,大家一拥而上,争抢精神食粮。学校还经常开展时事演讲会,铿锵激昂的豪言壮语,高亢奔放的满腔热情,使同学们的热血沸腾起来。

校园已经成为火焰般炽热的战场,革命的火种在这里跳跃。

戴克宇、江竹筠带领着进步的同学们,时而走上大街,时而出现在小巷,进行演讲,高唱抗战歌曲。

起来!

不愿做奴隶的人们!

把我们的血肉,筑成我们新的长城!

中华民族到了最危险的时候,

每个人被迫着发出最后的吼声……

大刀向鬼子们的头上砍去！
全国武装的弟兄们！
抗战的一天来到了……

碰上路卡盘问，或者遇到鬼头鬼脑的人在暗中进行监视，戴克宇都会拉着江竹筠，机智勇敢地周旋过去，安全地返回学校。江竹筠内心深受感动，这哪里是一个比自己小两岁的学妹，倒很像一个大姐姐，关心着自己，保护着自己呢！

这是周末的一天。

江竹筠、戴克宇参加了市区拥有上千名进步学生和爱国群众集会的抗日宣传演出。一路归来，江竹筠依然沉浸在那种激动人心的场面中。

感到异常兴奋和激动的江竹筠，情不自禁地与戴克宇谈起丁老师，谈起热血青年投向了抗日圣地延安的见闻，问道："他们满腔热血，为了国家和民族走向了战场，那么，我们也能成为一个真正的革命者吗？"

江竹筠期待地望着戴克宇。

戴克宇凝视着江竹筠。

骤然间，戴克宇握住江竹筠的手："你一直在战斗！"

戴克宇望着江竹筠坚毅的目光，重复道："是的，你一直在参加抗日运动的战斗！"

江竹筠表情异常庄重地问："我想找党，我想加入中国共产党。你说能行吗？"

戴克宇把江竹筠的手握得更紧了："我们的党在延安，毛主席在延安；我们的党也在重庆，我们党的领导也在重庆！哪里有人民，我们的党就在哪里！"

江竹筠的心快要跳出来了："你也是共产党？"

戴克宇说："党一直在关注你，党组织一直在关注你，从丁尧夫老师到曾丝竹老师，有很多同志在关注你。你已经为党做了很多有意义的工作，你给自贡的表妹杨蜀翘寄去毛主席的《论新阶段》，你还读过《共产党宣言》，你应该成为党的儿女，让我们一起并肩战斗吧！"

"我也可以参加共产党，成为党的一分子？"

"天高任鸟飞，海阔任鱼跃！让我们一起并肩战斗吧！"

"让我们一起并肩战斗！"似乎幸福来得太突然了，江竹筠陶醉了。

"我们是朋友，我们是同志，我们是战友，江竹筠同学！"

江竹筠眼里满含幸福的泪水，她紧紧地抱住了戴克宇。沉醉了很久很久，她缓缓地昂起头来，翘望着那个遥远的革命圣地，翘望着遥远的延安的方向，她的心在激情中奔驰着，感到天空是那样的高远，大地是那样的开阔，树上鸟儿的啼鸣是那样的清脆悦耳、动人心弦！她觉得自己就是那奔驰的战马，那飞翔的鸟儿，那搏击长空的雄鹰……

党组织为江竹筠举行了入党仪式。

不怕牺牲，勇敢地为共产主义事业献出自己的一切！这是她铿锵的誓言，更是忠贞不渝的崇高理想，终生为之奋斗的神圣使命，忠诚而质朴的情感所系，她坚信自己会同所有真正的共产党人一样，百折不挠，威武不屈，视死如归，去实践自己的誓言，做一个永远无愧于中国共产党人的真正战士。

植根于群众

1939年秋,党组织安排党员骨干力量开展主城边缘地带的抗日战争宣传运动,联络点设在校园附近老百姓的家里。

这一带的群众基础扎实,百姓饱受国民党苛捐杂税的滋扰,恨透了地痞流氓反动势力,对国民党那一套骗人的"反对共党""消除赤化"之类的闹剧嗤之以鼻,甚至非常反感。

对校园里读书上学的学生们——这些文化人,老百姓则另眼相待。学生们从老乡门前走过,即使初次见面,大叔大妈们也会亲切地打招呼:"娃娃,到家里坐,给大叔家写一副对联!""娃子,代大妈来写封信!"还被拉去老乡家里品尝土特产。

夜幕降临,江竹筠悄悄来到老乡家,秘密参加党的活动,顺便帮助房东大妈上小学的儿子辅导功课。大妈是个热心人,知道江竹筠在学校是一名优等中学生,自己的孩子能跟江竹筠学习功课感到非常高兴,让孩子喊江竹筠"江姐"。还在左邻右舍中夸奖她:"我家娃子认定了个好姐姐，江姐帮我们家娃子教作业，平易近人又热情！"

江竹筠心中明白，大妈也是在掩护自己。

一传十，十传百，附近群众家里娃子上学耽误了功课，遇到了难题，就会来找江姐帮忙补习功课。江竹筠则一概地热情对待，来者不拒。

周末，江竹筠和几名党员聚集在联络点，正召开会议，研究如何应对国民党反动势力的白色恐怖，并布置安排下一步的抗日宣传运动。突然，窗外出现了两个陌生人的身影。

江竹筠警惕起来。

几名党员迅速取出课本，做出复习功课的样子。

这时，房东大妈出现了，拦在门口问："你们是谁，来我们家干啥？"

似乎横冲直撞惯了的陌生人，面对着满脸不高兴的大妈，竟一时不知如何应对。

"老太婆，我……我们是查户口的！"其中一个鼻子上长着黑痦子的家伙，瞪着三角眼，有些结巴地解释。

长着络腮胡子的家伙问："有生人吗？"

"什么生人？没有！"大妈生气地往外推他们，"你们到底想干什么？"

三角眼逼近大妈："我们是查户口的，老东西你耳聋吗？"

大妈冷笑一声："查户口的来过多少遍了，我怎么不认识你们，把证件拿出来！"

三角眼恶狠狠地呵斥："老不死的，别找不自在！"

"我看你们就是来抢劫的！"大妈从墙角抄起一把扫帚，冲着他们，"扒掉你身上的皮，也认得你俩是沟东我娘家村刘老三的儿子，坑蒙拐骗不学好的东西，偷东摸西被失主打倒在大街上，这阵儿还敢冒充查户口的！"

见这两个陌生人硬要朝屋里闯，大妈机警地大喝一声："走，到治安点去，让他们说，你们到底是不是查户口的！"

见大妈要动真格的，两个陌生人慌慌张张跑出门去。

"大妈你好勇敢！"江竹筠走出屋门，迎着大妈说。

"哪里是大妈勇敢，是大妈我知道他们的老底，他们都是不务正业的二流子，我娘家那个村子的。寻常靠给地主当狗腿子，给清乡团通风报信讨俩钱耍，不是赌就是嫖的，那个村子没人正眼看过他们！"大妈关上院门后，与江竹筠唠起嗑来，"这下没事了，赶跑了！你们安心忙学习去。"

江竹筠倘佯在群众的汪洋大海当中，广交朋友，发展关系，如鱼得水。

清乡团活动日益猖獗起来，团丁到处乱窜，在大街小巷出没。地主老财豢养的家丁趁机与团丁们勾结在一起。砸明火的出现了，大白天明目张胆敲诈勒索的发生了。抢劫商铺、杀人越货的恶性事件，此起彼伏，不断发生。谁反抗他们，就会被他们指为"共党分子"，或者干脆当即赏一颗子弹，收尸者还要交纳什么"洁身自好"保证金，意思是与共党划清关系。

出于安全考虑，上级指示联络点转移。江竹筠提出将新的联络点设到自己家中。

这时，江竹筠的母亲李舜华已经从临华街四号搬到观音岩路口，那是江竹筠三舅的一幢吊脚楼。住在那里用不着交房租，可以省下一些钱。

那里地形偏僻，吊脚楼靠在一处巨石之侧，木石结构，分上下两层，上层是居室，下层堆放杂物和垃圾。由于年久失修，在楼板上走动，房子就会颤抖。江竹筠找来一位与母亲熟悉的木匠师傅，简单地进行加固后住了进来。

这样的环境不引人注意，所以更加安全。

同志们很喜欢到她家去，她的家已经成为中国公学附中的同志们在市区的一个落脚点。遇上山洪暴发，万县中心县委组织部委员冉毛在此停留过。冉毛是酉阳县人，读过成都公学文科，穿着干净，一表人才，看上去是个有学问的男士，李舜华看他远道而来，特意为他做了一碗辣子面。

冉毛对于江竹筠母女的热情很是感激，话题便多起来。滔滔不绝讲了重庆发生的趣闻，诸如军阀火拼，什么局的局长争妾之类，大多是几年前的坊间传闻。说自己发表了很多文章，大概是想要借此展示自己的文采。

江竹筠问他的文章发表在哪里，他说发表在《新华日报》。问他所发表文章的题目和时间，以便找来拜读，他喜眉笑眼，却故意卖起关子来。当得知江竹筠经常阅读《新华日报》时，马上转移了话题。

这个人的阅历似乎很丰富，健谈，敢说，话锋没有节制，显得有些没节操。用一句话概括就是"口无遮拦，随心所欲"，高谈阔论起"剥削也是生产力""吃大户和减租减息过头了"，地主资本家"其实不是那么坏"，资本家"是穷人的衣食父母"云云。

江竹筠心想，说这么多奇谈，是共产党人所为吗？好像国民党的报纸上有过诸如此类的怪论。共产党人怎么能信口开河！本来把他视为长者、受人尊敬的革命同志，多么想让他传授一些斗争知识和革命理论，甚至讲一讲对《共产党宣言》的理解。他却只顾自己兴之所至谈起喜欢打桥牌，称打桥牌是大学问，自己是高手。

江竹筠对这些东西不感兴趣，她在自流井关刀石曾目睹过打桥牌赌输赢的那些赌徒是怎样染上恶习的。就是把赌具吹成哲学，赌具还是赌具。冉毛似乎看得出来，便想起自己该走了。

出门时，天空阴雨密布，江竹筠把一直珍藏的那把旧油纸伞让他带着路上避雨用。冉毛整理着自己的西服革履，觉得油纸伞不配套，就推辞了。

江竹筠非常遗憾，甚至感到失望，认识到共产党的队伍一定混进了各色人等。这些人参加共产党的目的是什么？把一些无稽之谈，说成了"革命道理"，是无知，还是浑水摸鱼？江竹筠望着冉毛渐渐远去的背影，心中七上八下，理不出一个头绪。但有一点是不容置疑：此人华而不实，夸夸其谈，有公子哥的气息。

其实她还不知道，冉毛的本名叫冉益智，又名冉启熙，冉毛是化名，他1910年出生于川东道酉阳县一个地主家庭，二奶所生，是手不能提篮、肩不能担担的大少爷，吃喝玩乐，读到成都公学文科中途肄业，1936年加入国民党，曾任国民党酉阳县党务指导委员会干事之职，主编县党部机关刊物《党政周刊》时，经常撰写文章，进行反共宣传，对共产党和红军极尽造谣污蔑谩骂之能事。他参与酉阳当地封建派别斗争，被掌握着当地别动队武装的一派逮捕押送至重庆的监狱。另一派别则四处活动，上下打点，通过买通国民党官府的关系进行报复，将这次事件的主谋分别处以死刑和无期徒刑，冉毛才得以出狱。冉毛在重庆监狱关押期间，曾得到中共江苏省委妇委秘书长钱瑛的帮助,但他隐瞒了反共历史和国民党员身份,出狱后混入共产党内部,化名张德明、冉毛、肖青等在重庆及其周边一带活动。

经过长期革命斗争的锻炼,江竹筠对党和党的肌体的构成有了进一步的理解,无数革命者参加革命,他们苦大仇深,家境贫寒,属于劳苦大众阶层,他们参加共产党的目的纯粹而现实,就是一定要推翻同外国帝国主义、本国地主阶级勾结,利用政治特权和反动武装,实行残酷掠夺,吃老百姓之肉、喝老百姓之血的蒋家王朝反动政权。

江竹筠的感情升华了,她说:"我们穷人都是一根藤上的苦瓜,有着相同的命运,也有着一个共同的目标,就是为实现人人平等,不受剥削压迫而斗争。"

她把同志当成自己的亲姐妹、亲兄弟,给予无微不至的关心。

有一位璧山籍同志突发疾病,恶心、呕吐、腹泻。江竹筠深夜跑到大车店借来一辆板车,径直把生病的同志拉到医院。大夫诊断是胃炎,江竹筠带着大夫开的药片,又将他拉回家中照顾。

江竹筠诚挚地劝慰他:"你身体虚弱行动不便,就在我家中留下好好养病。我们都是同志,你可以安心。"

那时正是寒假,买不起营养品,江竹筠就用自家喂养的几只鸭子下的鸭蛋给他补养身体。经过她的悉心照顾,璧山籍同志很快得到康复。

江竹筠关心同志,同志们都亲切地称她"江姐"。"江姐"便成了同志们对她的习惯称呼。

乱云飞渡

1940年秋，江竹筠转移到中华职校进修会计专业。学习会计专业，这是党组织的安排，目的是以利于以后找到不打眼的社会职业，以便蒙蔽敌人，隐蔽自己，在复杂的斗争环境中完成党交给的任务。

江竹筠来到了秤滩。

江水滔滔，奔流如斯，一条长形石梁远望似秤杆坐落其中，故得名"秤滩"，重庆方言"寸""秤"音近，口耳相传，遂称其为"寸滩"。中华职校就坐落于江北寸滩古镇。

寸滩蜿蜒残破的青石板路、稀稀拉拉的黄桷树、灰沉沉的青瓦民房，以及礁石上的斑斑痕迹，若隐若现地诉说着岁月饱经过的所有沧桑。为了拯救沉沦的民族，培育未来的希望，中华职校乃著名的爱国主义民主革命家、民主主义教育家黄炎培先生创办。哲学家马叙伦、数学家何鲁等来校讲学。这里已经成为无数中华儿女学海生涯的重要驿站。

江竹筠相信，这里必将是自己开始革命生涯的新起点……

有消息传来，不少同志联袂出发，奔赴了延安。江竹筠当然也可以一道出发，和同志们一起奔向革命圣地，奔向毛主席、党中央所在地，一睹她心中最为崇敬的领袖毛主席的风采，与毛主席身边的同志们并肩战斗。

如此这般的一切，是她梦寐以求、憧憬向往的夙愿。

这些耳熟能详的信息，都是她从《新华日报》和同志们口中获得的。

她兴奋得心潮澎湃，一夜未眠，梦见自己已经到了延安，投入了火热的新生活，跟随队伍跨上战马，奔赴抗日战场。

党组织的负责同志来找她谈心了，倾听了她的想法后，说："重庆有重要的工作需要你做，组织上需要你继续留在重庆。到延安去，是很多革命者的向往。抗击敌人，赶走侵略者，全国都是战场，到处燃烧起战火，重庆也一样。我们在重庆以秘密的形式开展斗争，同样是为了保卫延安，为了解放全中国。"

江竹筠认真地聆听后，点点头。

"当然，组织上也会尊重你个人的意见的。你尽可畅所欲言，坦言自己的决定。"

江竹筠欣然而果断地说："听党的话，服从党组织的安排，继续战斗在山城，是我自愿的选择！"

按照党组织的分工安排，江竹筠担任了中华职校及附近地下党组织的负责人。联络，谈心，布置工作，躲避危险，转移同志，都要做到有条不紊。

这天，江竹筠以购书的名义外出，与各个联络点的同志碰头后，回到学校时天色已晚。她不由加快脚步，穿行在校园的小路上。

"江姐——"有人喊她。

声音好熟悉，江竹筠赶忙回过头去，一个头上梳着两只短辫子的姑娘，从树丛边跳到她面前："是我，何理立！"

两年不见，何理立长高了，也长胖了，也更漂亮了，闪动着一双乌黑发亮会说话的大眼睛："我已经从铜梁高中转到了中华职校会计训练班，我们又可以在一起了！"

挚友重逢，江竹筠格外高兴，觉得自己工作中多了一份力量。晚上俩人说起了知心话。

江竹筠谈起这段时间发生的警察部队镇压群众事件，继而谈起中国公学附中校内的反动分子，借势兴风作浪对进步师生经常进行监督和恐吓，并制造谣言，不择手段地恶毒污蔑共产党。他们反对同学们订阅进步报刊，制造纠纷，煽动学生之间发生内斗，以此嫁祸并开除进步学生。

何理立说："中华职校发生的情况，证明了进步力量的薄弱。"

江竹筠说："你来了，我们的进步力量加强了，咱们一定要先把学生会掌握起来。以学生会为依托，然后通过学生伙食检查、读书评论、时事交谈等形式，来团结进步师生，争取师生中的中间力量，壮大队伍，与反动势力展开针锋相对的斗争。"

谈起读书评论，江竹筠不由心潮澎湃，谈到自己最近读了哪些课外书籍，她说："使我最受感动的是苏联无产阶级作家和社会主义现实主义文学奠基人之一亚历山大·绥拉菲摩维奇的作品，他以古班的红军——达曼军，带领被古班的哥萨克富农和白匪军残害的红军家属及被迫害的群众,突破叛乱者和白匪军的包围,进行英勇转移的事迹为题材,叙述了苏联国内战争时期剥削阶级与被剥削阶级之间的生死搏斗,表现了士兵群众由乌合之众成长为一支纪律严明的'铁流'的过程,成功地塑造了坚定勇敢的革命领袖、共产党员郭如鹤的鲜明形象。鲁迅先生给他的作品《铁流》以很高的评价。"

何理立激动地说:"你已经读过《铁流》了,还有了这么深刻的感悟。竹筠,你一定还读过很多好书,我也要跟你一块多读几本书,充实一下自己的头脑了。"

江竹筠把自己珍藏的《铁流》送给何理立,话题从书本转入现实,介绍说:"蒋介石政府迁渝,重庆成为国民党政府的陪都后,三舅开办的医院被征用。军警宪特横行于市,坐车、买东西不给钱,还动手打人。老百姓给国民党取了个绰号叫'刮民党'。那些被国民党抓来的壮丁,吃不饱穿不暖,稍不听话就被关押打骂。农村连年灾荒,成千上万的饥民涌来,沿街乞讨,几岁的女孩子被人买去做童养媳。达官贵人却横征暴敛,搜刮民财,过着荒淫无度的糜烂生活。国民党就是一个不折不扣的腐败政权,运用公权力谋取私利的官僚主义集团。国民党不得人心的反动统治,使得百姓处于黑暗之中。"

何理立如获至宝,把书藏好,讲起自己的所见所闻,心中非常气愤,说:"铜梁高中的同学们,大多是来自乡下各地的农耕自足家庭,他们亲眼看见称霸一方的地主恶霸们勾结官府,欺压掠夺,无恶不作,把穷人年轻妻子带走抵租。佃户因拿地主家一个馒头给乞丐,一家被罚跪半天,最后逐出家园,没收所有财物。打人时,还要对打的人笑,否则认为被打不愿意,打得更厉害。"

1940年10月19日,国民政府强令黄河以南的新四军、八路军全部撤到黄河以北。中国共产党从维护抗战大局出发，答应将皖南的新四军转移。1941年1月4日，新四军军部及所属的皖南支队9000多人由云岭出发，绕道北移，行至茂林时，遭到国民党军的合围伏击。新四军奋战七昼夜，弹尽粮绝，2000余众突围。军长叶挺与国民党军队谈判时被扣押，副军长项英、参谋长周子昆被杀害。

新四军遭受重大损失。国民党反动派阴谋得逞后，气焰倍加嚣张，企图瞒天过海，蒙蔽群众。在臭名昭著的《中央日报》《扫荡报》发布虚假消息，倒打一耙，造谣污蔑新四军"异党暴乱"。同时围剿《新华日报》，禁止曝光让全国人民痛心疾首的"皖南事变"真相。

一时间，便衣特务动用一切流氓手段，抓捕报童，没收报纸，盯梢跟踪《新华日报》的编辑和记者。

山城人心惶惶。

面对国民党反动势力的浊浪滔天，毛泽东愤然发表关于"皖南事变"的谈话，表明"此次皖南反共事变，酝酿已久。目前的发展，不过是全国性突然事变的开端而已。"国民党须当改弦更张，立即赎罪，否则，"必然是搬起石头打他们自己的脚。"周恩来在《新华日报》题词："为江南死难者致哀！""千古奇冤，江南一叶，同室操戈，相煎何急！"

地下党组织发来一批传单，以此全面揭露皖南事变的经过，就像一颗颗令反动派胆寒的炸弹，只等发射出去。

江竹筠约何理立观察地形，选择发放张贴地点。又让从自贡来重庆精益中学读书，早受江竹筠的影响，思想进步较快的表妹杨蜀翘把传单带回学校，悄悄置于一些同学的课桌内、教师的讲台上，到集贸市场塞进别人的菜篮和货担里。

当夜幕降临,万籁俱寂,大家都熟睡之际,江竹筠和何理立起床走出宿舍,秘密散发传单。有的用石子压在路边,有的塞进门缝,有的粘贴于墙壁。第二天,这些消息就像长了翅膀,人口相传,轰动了全校,轰动了江北,也飞向了山城……

真相大白,富于正义感的人们,对国民党的倒行逆施义愤填膺,为新四军鸣不平。一些深受国民党蒙蔽欺骗,对国民党抱有幻想的中间分子,通过传单上发表的消息,明白了实情,转变了看法,对无耻的国民党产生了怀疑和动摇。

江竹筠的出色表现和周密隐蔽的工作,受到上级党组织的关注。根据斗争需要,江北县委的李治平同志通知她,组织已经决定派她到新的地方开展工作。

前面正有一场新的斗争,新的战斗,召唤她,等待她。

峥嵘岁月

《少年维特的烦恼》中有句名言："青年男子谁个不善钟情？妙龄女人谁个不善怀春？"

参与反封建斗争的许多青年，似乎在《少年维特的烦恼》一书中找到了共鸣。小说披露了主人公的内心世界，对爱情的追求与渴望。作品像一篇感伤的抒情诗，捧出一颗跳动的心，激起读者情感上的强烈共鸣和精神上的极度震动。使年轻一代如痴如狂，有的与维特遭遇相仿的人甚至轻生而死，用自己的青春赌爱情。

江竹筠不喜欢这样的多情与苦情，她认为这样的爱情太偏狭，太孤意，太自我，也太脆弱。

已经到了待字闺中的年龄，爱情的火焰，在江竹筠的心中燃烧。她渴望有这么一天，自己的爱情降临。那么自己希望的爱情又是什么样呢？

她望着窗外的天空，天空的夜晚是那样深沉，闪亮着许多星星，她不由问自己——

是翩翩少年吗？不是！

是绅士显贵吗？不是！

是白马王子吗？也不是！

她对爱情完全有自己的理解……

求婚的人接踵而至，登门的人络绎不绝。其中有权贵、成功人士，也有阔少。来者大都衣冠楚楚、风流倜傥，令母亲应接不暇。

母亲尽心尽意地应酬，但是一直没有告诉女儿。因为，毕竟是女儿的终身大事，世道浇漓，炎凉百态，做母亲的要观察，要揣摩，要挑选。母亲一定得给女儿找一个如意郎君，找一个好好地爱自己女儿的男人，让女儿幸福地走向人生，走向未来。决不能像自己，找了一个不成器的浪荡男人，留给自己说不出的遗憾和酸楚，毁掉了自己的一生。

有一家姓刘的后生，西服革履，人长得体面，言谈举止风雅，看上了时常背着书包去摊位找母亲的江竹筠。于是采取迂回策略，向江竹筠展开了外围攻势，跑到李舜华身边献殷勤，嘘寒问暖。与李舜华拉起家常，都是甜言蜜语称赞江竹筠。

母亲的心被打动了，于是跟女儿说："竹筠，人家给你介绍了一门亲事，那人看上去……"

江竹筠从外面回家，忙着打水洗脸，故意装作没有听清母亲说的话。

待江竹筠坐下，李舜华拉住女儿的手，说："有一门亲事，那家姓刘，是个家道厚实的人家，小伙子长得挺不错的，哪天你见见人家？"

"我暂时还不想考虑婚事。"江竹筠微微一笑,回答母亲。

"女孩家大了,总归要嫁人的。早考虑有选择的余地,还是早些考虑好。"母亲劝她。

"那家人很有钱,他父亲开一家公司,他自己又在市府部门上班。"江竹筠平静地对母亲说,"可是……"

"竹筠呀,原来你们早就认识?"母亲望着江竹筠。

江竹筠也望着母亲:"反正我不喜欢这个总是缠着你的人!"

"傻丫头!"母亲说,"人家缠着你妈,说明人家追求你有诚意。人家看上你了……"

江竹筠认真地告诉母亲:"妈,我和这个人是不可能的!"

母亲掉眼泪了,说:"女儿不理解母亲的心,你能找个好人家、好后生,是母亲这辈子最大的心愿。20多岁的女孩了,大姑娘了,自己的婚姻大事,怎么还不往心里去,让母亲操心呢?"

江竹筠给母亲擦去眼泪,凑近母亲的耳朵,悄悄告诉母亲自己和这个姓刘的青年不是一路人,这个人思想反动,散布反对共产党的言论。何况他在反动机关任职,是专门跟共产党作对的,所以根本没有考虑的余地!

一向支持穷人的李舜华,心里最了解女儿的心思,见女儿如此坚决,知道是不能调和的,便缓和了口气说:"妈妈以后再留心挑选就是了,一定找个你中意的。你自己也要上心才是。"

江竹筠就跟母亲说起了知心话。她对母亲坦陈自己所向往的爱情,是那种以一个同路人、一个并肩而行的同志,在共同为一个伟大的事业奋斗的征途上,不期而遇并自然萌发,然后自然而然地生长和成熟的爱情。没有功利主义的爱情,才是幸福的爱情。

母亲懂得了女儿的心思，遵从了女儿的愿望，让女儿自由地去收获自己的爱情。

江竹筠成熟了。

新的使命在前方等待着她。她必须迎着风云诡谲和未知的征途凶险，义无反顾担负起党所赋予的重任。

那是1941年秋天的一个日子。

嘉陵江湍流不息，江风扑面而来。江竹筠徜徉在江畔上，装作散步的样子，不远处有一位长者早已在那里等候她的到来。他就是川东特委宋林同志。

坐在大青石上，望着满脸庄重的宋林，江竹筠意识到，宋林一定是有重要的事情找她。

宋林告诉她："组织上通知你到这里来，是向你宣布川东特委关于成立重庆新市区区委的决定。对你的工作有新的安排。党组织指派你担任重庆新市区区委委员，社会职业选在重庆妇女慰劳总会。这是一项非常机密又危险的工作，川东特委希望你把这项光荣而又艰巨的工作承担起来。"

这时，与宋林相约同来的新任区委书记魏兴学同志走到身边："欢迎你江竹筠同志，我们要在同一个战壕里战斗了！"

江竹筠与魏兴学早就认识，她坚定地回答："我们一直在共同战斗！"

"江竹筠同志——"魏兴学将一个大信封递在她手上，表情庄重而严肃地说，"这是新市区、化龙桥、沙坪坝一带学校中的党员名单，你要按照'隐蔽精干，长期潜伏，积蓄力量，等待时机'的方针，直接单线联系这些同志。"

宋林同志的一只手握住了江竹筠，一只手握住魏兴学，微笑着说："为了党的工作，你们早已把个人生死置之度外。党相信你们，无论担子有多重，你们一定会出色地完成！来，让我们一起迎接斗争的风雨吧！"

第一次承担这样重要的任务，江竹筠既感到了压力，又感觉到自豪和幸福。

江竹筠紧紧握住宋林和魏兴学的手说："我的斗争经验不足，接受这重要的工作，我一定在斗争中学习斗争，在战斗中学习战斗。我是党的儿女，哪怕有千难万险，一定不辜负党的重托，保证完成党交给我的艰巨任务！"

感染力与亲和力

国军在淞沪抗战中失利,南京陷入危机,国民政府迁入重庆。之后,日军开始对重庆展开了连绵不断的轰炸。"高密度轰炸""疲劳轰炸""月光轰炸""无限制轰炸",先后制造了一系列灭绝人性的杀戮惨案。尸骨成山,遍地皆是,只得动用卡车,将那些腐烂的、残缺的尸体,拖到朝天门河边,然后再改用木船装运到江北黑石子沟去,倒进大坑里草草掩埋。

江竹筠目睹了一次又一次的日寇大空袭。

到处是残垣瓦砾,树枝上、电线上都悬挂着死者的断臂残肢。由于长期轰炸造成的环境污染,重庆成了"闻名遐迩"的黑城。垃圾、污水、粪便、老鼠、霍乱、痢疾、流行性脑炎、天花等,就像噩梦,挥之不去。

很多地方几乎被夷为平地,人们只能住进残破的屋舍和草棚暂时躲避战争的袭扰。等到雾季来临,浓雾笼罩时,人们才得以搭建简易的栖身之所,搭设作坊,开办工厂,让生活在艰难中继续,让这个城市在苟延残喘中展现出一丝与死神搏击的气息。

多难的祖国,多难的民族,多难的山城……

这更加激起了江竹筠的斗志。

面对新的工作内容和新的工作环境,江竹筠格外繁忙,时时刻刻处在高度紧张的斗争状态中。从家中去曾家岩上班,一路穿过残破的房屋和贫民窟,目睹川流不息的流浪乞丐、逃难者的身影,她暗暗说:"放心吧,同胞们!无数共产党人,正在与帝国主义和国民党反动派战斗……"

在风雨中成长起来的江竹筠,很快掌握了一整套地下工作的经验。一是与群众建立鱼水关系,既要当好领导者,又要隐藏不露,融入群众之中;二是充分认识危险,在白色恐怖中随时做好被捕和为党牺牲的准备;三是万一被捕,就要尽量把信息张扬出去,给党报信,给同志们报信,保护组织;四是一旦被捕遭受敌人刑讯,嘴要紧,视死如归,决不承认身份……

在川东特委召开的新区区委会议上,宋林对江竹筠的工作给予了肯定,指出:"战斗在白区,看不出领导才是最好的领导,最普通的人才是最秘密的人。作风朴实,对党忠诚,不爱出风头,表现出了一个革命者的气节,这些宝贵的经验,应该在同志队伍中发扬下去。"

鉴于愈演愈烈的反动统治阶级大规模逮捕、屠杀革命者,破坏革命组织,残酷镇压共产党领导的革命运动、民族解放运动的恐怖行为,南方局在高举抗日民族统一战线,贯彻"坚持抗战,反对投降;坚持团结,反对分裂;坚持进步,反对倒退"的三大政治口号,维系国共合作，坚持抗战的旗帜下开展工作，已经变得非常艰难。毛泽东致电周恩来，指示南方局和战斗在国统区的共产党人要多加小心，适时转移。

按照川东特委提出的"勤学、勤业、勤交友"的号召，重庆一带的党员要隐蔽地秘密发展进步力量。新市区区委要求党员和进步青年在自己的周边进行渗透，继续发展可靠分子，做到长期培养，灵活机敏地安排任务，进行考验。

江竹筠与三舅家的表弟表妹们建立了良好的关系。

舅妈有些尖酸刻薄，但她毕竟曾容纳过自己和母亲一家人，才得以度过了那段艰难的时光。三舅更是给过自己很多的帮助。

江竹筠说："那些曾经伸手帮助过自己的人都是亲人，不能忘记亲情。"

三舅依然是个忙人，少有在家的空闲。她便尽量找出各种话题，与舅妈拉拉家常。这让舅妈心里有了安慰，也多了几分感动。

舅妈对江竹筠这个外甥女，再也不像以前那样冷漠，而今嘴里说的都是称赞的话："这孩子懂事，没有跟舅妈计较。"说到动情时，眼睛里竟然有泪水。

江竹筠来到三舅家，跟她最亲近的是二表妹李秀清、表弟颜矗。二表妹是三舅李义铭的女儿，表弟是幺姨的儿子，寄住在三舅家已有好长时间了。

李秀清和颜矗正处在求知期，对外面的事情感到新鲜，总是缠着江竹筠讲这讲那。江竹筠给他们一一讲解"皇姑屯事件""九一八事变""七七事变""南京大屠杀"等那些骇人听闻的事件。

这些血淋淋的事实，深深刺痛了李秀清和颜矗。他们了解了日本人不仅要毁灭山城重庆，而且早就觊觎中国的广袤山河，在中国的大地上到处疯狂作恶，烧杀抢掠，使中国的老百姓陷入水深火热的深渊之中。

为了鼓励表妹表弟的斗志，江竹筠给他们讲了许多共产党人抗日救国的壮举。表弟表妹很快主动地成了江竹筠的教育培养对象，思想的天平向着共产党倾斜。

表妹与三舅李义铭有时就国家大事按照自己的观点争论起来。三舅不无遗憾地感叹道："赤化的力量大，我们家也有共产党了！"

江竹筠的生活作风、工作学习态度、为人处世的风范，对他们很自然地产生了感染的魅力。李义铭不愿意子女做危险的事情，但是无法阻止孩子们上进的心，更无法改变对江竹筠的靠近和信任。

江竹筠从各方面给予关心，帮助他们抄写复习资料，寻找参考书，辅导他们学习，体现了表姐对他们的挚爱。这种力量是三舅李义铭无法制衡的。后来，颜蠡申请参加了中国共产党地下组织，李秀清参加了党的外围组织，成了学生运动的中坚分子。还有几个表弟也非常支持共产党，积极为武装起义购买医药，输送情报，配合党的工作。

江竹筠的弟弟中学没毕业就参加了工作，相距较远，因此姐弟俩见面的机会很少，但是在姐姐的支持下，尽管国民党监控得十分严密，他依然秘密订阅了《新华日报》……

越是艰险越向前

　　山高路远，地处偏僻的秀山县中学，虽是这里的最高学府，但是除了日寇扔下的炸弹爆炸声犹然在耳，仍如一潭死水。死读书，读死书，不闻国事，不知中国与世界发生了何种变化的现象普遍存在。年轻的女教师谢若英比江竹筠大1岁，跟随刘兆丰一行6人到达秀山，立即对学生展开了一场启蒙教育运动。他们在学校里组织读书会、歌咏会、报告会，向学生灌输进步思想与科学知识，指导学生阅读《呐喊》《静静的顿河》《毁灭》等进步小说和《读书生活》以及旧版的《语丝》（已经停刊）等进步刊物，教唱进步电影《大路》中由聂耳谱曲的《开路先锋》《大路歌》等歌曲，在不长的时间里，学校的政治气氛活跃了起来。

　　谢若英具有音乐特长，她演唱的那些与反动势力格格不入、让其胆寒的套用兼带自编的唱词，铿锵有力，震惊了敌人。警察局根据便衣的"密报"发出了逮捕令。谢若英机警地躲过敌人眼线的盯梢和行动队的魔爪，一路辗转，顺利到达山城重庆，但暂时没有了职业作隐蔽。

在已经坍塌的一幢小楼的废墟边，江竹筠见到了风尘仆仆的谢若英。

"若英姐！"江竹筠故意大声地喊谢若英的名字。

谢若英隐藏在一棵大树后，一直警惕地注视着周围的环境。听到江竹筠大声喊她，明白这是暗示她这里是安全的，于是，赶忙上前拉住江竹筠的手。

江竹筠告诉谢若英："鬼子的大轰炸刚过，警察、宪兵、特务，还有三青团那些充当走狗的流氓混混，现在躲在防空洞里，没准儿有的还在吸大烟呢！"

谢若英松了一口气："江妹，我打算先找一个便宜的旅社住下，然后准备去……"

江竹筠明白谢若英准备去的地方在哪里，望着她一瘸一拐的样子，便说："要去也得等伤好了呀，足板崴得这个样子，路途那么遥远，怎么能成行呢？"

谢若英弯腰摸摸自己伤得不轻的脚踝骨，露出一副着急的神情。

"住外边既危险，我也不放心。"江竹筠安慰说，"既来之，则安之，还是住我家吧！"

大轰炸中的重庆，民生支离破碎，老百姓的生活都很艰难。江竹筠家里不宽裕，但是，她和母亲都尽心尽力地照顾谢若英。

知道谢若英是内江人，喜欢吃七星椒，江竹筠和母亲每天总是有一个人先回到家，动手给她做辣子面、辣子凉粉吃。

谢若英心中有些过意不去，江竹筠说："就是要把你养得壮壮的，早日康复，早一天奔向延安！"

很快一个月过去了，这是一个雨雾迷蒙的早晨，江竹筠把依依不舍的谢若英送上码头，自己也淹没在人流中。由于鬼子飞机的轰炸，躲避空袭的时候很多，联络工作越来越难，她要一个一个地找党员接头，今天也是她与区委书记接头的日子。

南区公园的场地上，有很多人聚集在这里做户外健身活动。魏兴学已经提前赶到了这里。

江竹筠跟在魏兴学的后边，佯装一起散步，向僻静处走去。

"最近有什么情况吗？"魏兴学边走边问。

"最近发展了几名新党员，都是经过长时间考验的，没有问题，需要安排合适的时间，举行入党仪式。有十几名是积极上进分子，大多是学生，按照川东特委要谨慎发展的指示，依然安排在考验之列。"江竹筠向魏兴学汇报了最近的工作开展情况。

魏兴学提出："杨蜀翘在各次群众学生参加的重大行动中，机智勇敢，表现突出，有必要优先考虑。"

江竹筠表达了自己的看法："杨蜀翘可以列入重点名单，何况她早就从思想和行动上成为党的分子。不过考虑到精益中学的情况特殊，主要是新师生较多，成分复杂，杨蜀翘暂时不列入日程，利于躲避危险，隐蔽工作。"

杨蜀翘是江竹筠二姑婆家的孙女，家境贫寒，学习优异，读过很多进步书籍，关心社会发生的风云变化，且受江竹筠的影响，接受马克思主义思想，支持共产党开展的抗日运动。多次散发和张贴传单，发布共产党的信息，组织抗宣歌咏，揭露帝国主义侵略中国的罪行和国民党蒋介石的反共阴谋。事实上，已经成为江竹筠完成行动任务的可靠助手。

江竹筠向魏兴学介绍了精益中学筹划将女生部合并到文德女中，精益仅设男生部，杨蜀翘需要转向新的学习环境这件事。

数月后，经过区委批准，杨蜀翘以地下中共党员的身份，进入到南岸弹子石龙井湾由基督教加拿大英美女布道会四川分会在重庆设办的女子学校。

1942年8月的一天，江竹筠与杨蜀翘筹划了一次重大游行行动，地点设在新市区及外围一带。为了保证整个行动的安全，江竹筠对分工监视军警宪特活动的人员，进行了周密细致的布置。

一声号令，工人骨干、学生中坚、部分群众，浩浩荡荡，沿着街道行进。

游行结束后，江竹筠向江边走去，她要与指挥下一场行动的另一名委员在那里碰面。

蜿蜒的山路，人来人往，各色人等混杂其中，时而有警车呼啸而过……

江竹筠发现了一些形迹可疑的人，混杂在人流中。他们一副狐疑的目光，不时停下脚步来，盘问过路行人的行踪。

便衣特务！江竹筠提高了警惕，不由加快脚步，向另一个方向走去。

突然，有个人碰了一下她的臂膀，遂觉得有个纸团塞进自己手中。

江竹筠发现擦肩而过的是一位姑娘，于是悄悄打开纸团，发现上面写了两个字：跟踪。

江竹筠明白，自己已经被跟踪了，并且有人在提醒自己躲避危险。

于是，她迅速插入胡同，侧目看去，身后果然出现了一个头戴鸭舌帽的黑衣男子。再看后面，还有一个同样装束的男子尾随而来。

"抓住她！"其中一个喊，接着枪响了。

江竹筠翻身越过半截倒塌的墙头，顺着小树林左拐右拐，才算甩掉了尾巴。她也松了一口气。

回到曾家岩，江竹筠脑子里画了一个大大的问号：那个塞纸片的姑娘是什么人？她怎么认识自己？怎么觉得有些面熟？

忽然想起了：是她，一定是她，岫岩！

那么，她现在是干什么的呢？几年不见了，或许她还在四处漂泊，或许已经加入了党，成为党组织里的一员？她一定在自己不知道的岗位上，和大家一道秘密地进行战斗……

江竹筠顺着自己的思绪遐想着，不由微微一笑。

心说，感谢党又多了一分子！

在组织了几次大游行后，上级决定江竹筠暂时隐蔽，以躲避危险。她离开了曾家岩，来到綦江。

几个月后，党组织又通知她到赖家桥开展新的工作。组织上告诉她，那里的工作不但更加艰巨，而且更要防备被敌人盯梢，因为附近设有一个警特秘密活动点。

江竹筠果断地回答："越是艰险越向前！"

江竹筠发现国民党政权反共的气焰更加嚣张，到处抓人。他们对付共产党的手段更加残忍，到处弥漫着杀戮的气氛。日寇的大轰炸依然没有停止的迹象。

重庆不但是国民党宪警特耀武扬威的地方，日伪间谍也在频繁活动。

鬼子飞机轰炸时，有人拿镜子向天空上照射，给天上的飞机定位。江竹筠心中怒斥："侵略中国的日本帝国主义，假抗战真反共的国民党蒋介石反动势力，都把共产党当成了敌人。他们都是共产党的敌人，全国人民的敌人。"

第二天，与挚友何理立不期而遇。何理立的脸上挂着微笑："竹筠！"

按照地下工作的纪律，每次转移新的地方，对亲友都是保密的，同志间也不告诉。何理立偏要询问江竹筠的去处。江竹筠照例不说。

何理立执著地要求："这次，我一定与你一路同行，你去哪里我就跟到哪里，跟定了。"

江竹筠严肃地说："我还要去远方，那里更加危险。"

"因为危险，我更想跟着你！"何理立不依不饶地说。

江竹筠着急了："这怎么可以！"

何理立一笑："越是艰险越向前嘛！"

这时宋林出现了，原来他已经告诉何理立，按照党组织的安排，让她与江竹筠一起去赖家桥……

比爱情更高尚

1943年5月3日,天空匆忙落下了一场大雨。那狂风暴雨称得上"风驱急雨洒高城,云压轻雷殷地声"。

但很快就"雨过不知龙去处,一池草色万蛙鸣"了。

雨后,重庆地下党组织的负责同志会合到一起,研究下一步的工作方向,却发生了一场争论。

事情是这样的——

重庆地下党组织,经过调整,已经指示部分党员暂时停止活动,执行短暂隐蔽,积蓄力量,等待召唤,准备重启一项重大工程。由部分党员组成骨干队伍,建立单线联系网,隐蔽于市,秘密行动,循序铺垫,做好先期预备工作。

这时,奉命到达山城,任重庆市委委员的彭咏梧,由重庆八路军办事处、中共南方局组织部秘书荣高棠直接领导,负责领导沙磁区、新市区一带的地下行动。

当时，彭咏梧在中央信托局产物保险处做职员。这种特殊身份，对于开展党的地下工作，是一个很好的护身符。

彭咏梧没有家眷跟随，因此只能被安排在信托局的单身集体宿舍内居住。

重庆市委落实《中央关于增强党性的决定》，在地下党组织内开展整风运动。工作中遇到了不少困难：一是没有宜于隐蔽的活动地点，极容易暴露。第一委员彭咏梧亟须一个方便于活动的住处。二是时间紧迫，需要阅读整风文献，联系实际，写出思想工作汇报、生活作风总结，各个环节要逐层转达。了解情况后提出问题，并与相关同志研究后向上级汇报，同时又要完成好信托局的业务，两者无法兼顾。三是需要一个可靠的助手。问题又来了，与彭咏梧频繁接触，必然引起怀疑。这就需要特派一位女同志，假扮夫妻，协助彭咏梧工作。

中央南方局荣高棠同志和川东特委认为此计可行。重庆市委经过研究决定，由各方面都符合条件的优秀党员江竹筠同志来担当这个极其特殊的角色。

对于一位23岁的未婚姑娘来说，朝夕与一位男同志共同生活，对外声称夫妻，又要使旁人看不出是假的，那是戏剧舞台上才有的事情，现实中谁见过？其实，比扮演舞台上的角色，还要难多少倍。

此时，中共川东特委（兼重庆市委）组织部长宋林已经有了新的任职，但考虑到这项工作的紧迫性，过去与江竹筠相互接触较多，相互容易交心，便亲自找到了江竹筠。

坐在江边，听完宋林的介绍，江竹筠一时不知该如何回答。

望着碧蓝的江水，有无数只船帆从远方而来。她想到了新中国，想到了延安，不由思绪万千。

宋林同志说："假扮夫妻确有很多具体的问题需要克服。因此，不用马上回答。党组织也一定会尊重你个人的选择。"

江竹筠梳理了一下被江风吹拂的短发，双颊一红："这是革命的需要，我作为一名共产党员，不应该有任何犹豫，必须迎难而上！"

这时，江风吹来一阵悠远的船笛声。

"江竹筠同志！"宋林的眼睛湿润了，紧紧握住她的手，"我代表党组织谢谢你！谢谢你对党的工作的支持，谢谢你所做出的努力。你是党的忠贞、纯洁、优秀的儿女，党为拥有你这样的儿女感到骄傲！"

江竹筠心中忐忑地说："只是……我怕不能胜任如此重要的工作。"

宋林坚定地说："相信你一定能够出色地完成党交给你的任务。"

交接完手里的工作，江竹筠来到了彭咏梧身边。

她立即投入繁杂紧张的斗争生活，常常忘了吃饭。根据需要，很多文件和资料需要她阅读。那些字里行间，使她感到既亲切又新鲜。她还是第一次读到党的领袖毛泽东同志的《整顿学风党风文风》（即《整顿党的作风》的原文）。

这既是领袖又如师者的教导，如清风扑面而来。她觉得自己不但是在为党工作，更是很好的学习机会。她觉得自己仿佛坐在了延安会堂，坐在了抗大的课堂上，一种任何时候都不曾有过的兴奋感，温暖了自己。

她已经深深地热爱上了这份工作！

但是，当彭咏梧下班归来，回到机房街租住的居所后，还有那些街坊邻居称呼她为"彭嫂""彭太太"的时候，她觉得很不习惯。跟着彭咏梧一起出门，走在路上，江竹筠同样一副若即若离的样子，不像一对年轻的恩爱夫妻。

吃过晚饭，彭咏梧亲自端过来一杯咖啡，放在江竹筠面前，以大哥一般的口气问："新的工作环境还适应吗？"

江竹筠一时不知如何回答，于是说："我一定会慢慢适应的。"

彭咏梧和蔼可亲地说："我们走到一起，同一屋檐下，并非为了私利、私情，更与爱情无关。但是，我们之间拥有的是更纯洁、高尚的同志之情。为了神圣的信仰，为了赋予我们的使命，为了伟大的革命事业，我们需要在一起并肩战斗。"

江竹筠微微一笑："我懂。"

彭咏梧说："我们都是穷苦出身的阶级兄妹，我的老家在云阳。幼年失去了父亲，母亲节衣缩食，把我送进了当地的易氏族学就读。16岁进入云阳县城中学读书，时值'九一八事变'爆发，在地下党员的影响下，由于积极参加抗日救亡运动，抵制日货，质问反动当局，被学校开除，后经外婆四处托情，才得以留校继续学习。1937年考入万县师范。在党组织的领导下，成立了'读书会''抗日后援会'，并加入了'中华民族解放先锋队'。1938年加入了中国共产党。1940年，国民党反动派掀起反共高潮，大肆逮捕共产党员及进步学生，破坏中共地下党组织。接受党组织指示，我离开万师回到云阳，任中共云阳中心县委书记兼云阳县委副书记、小江区委书记，领导云、奉、巫、开等地的工作。日夜辗转于大巴山，露宿荒山野林，与工人、农民同吃同住同劳动，领导工人的罢工斗争，引起了国民党反动派的注意和追缉。为了不暴露身份，有时化装成教书先生，有时化装成大商人，有时还打扮成流浪汉、补鞋匠等，以各种身份闯入大山和敌占区……"

江竹筠听了彭咏梧同志惊险曲折、如火如荼的革命经历，被深深地感动了，心中对面前这位多次为党的事业出生入死的领导同志，充满了敬意。

彭咏梧深情地讲起自己的家庭，远方的妻子、孩子，以及他们曾经一起度过的那些甘苦与共的岁月，牵挂之情溢于言表。彭咏梧说："为了更多的人将来能生活得幸福，我们做出了必要的牺牲。可以说，我们之间不只是上下级关系，更是同胞，深含阶级情谊的兄妹，比亲兄妹更亲的革命同志、战友！只有这样，才能心情舒畅，无拘无束地做事。"

犹如春风化雨，滋润心田。江竹筠很快适应了自己的特殊身份，走出家门是一对外人公认的"夫妻"，在家却是两位互相鼓励、互相照顾的革命同志，梧哥、幺妹这样的称呼，既可以理解为"五哥"，也可以理解为丈夫，因为夫妻之间以哥哥妹妹相称，符合当时的"新生活运动"，外人偶尔听到也不会产生怀疑。

这位名义上的丈夫，不但斗争经验丰富，党性强，讲原则，而且无微不至地给予她关心和照顾，那完全是真诚、真挚的同志之间的帮助和关怀。江竹筠除了做好得力助手，搞好通讯外联工作之外，主动担负起"生活秘书"这一职责，从医药、饮食方面，为彭咏梧细心调养，每天早起都要去市场买新鲜的蔬菜和富有营养的食物，煲粥、做羹、做粉、煮面……她有一手从小跟母亲学会的厨房本领，咸淡适宜，荤素搭配，很有条理，彭咏梧多年野外生活落下的病根，很快有了好转。

他们在机房街租住了一段时间，不久，在中信大厦分配到了一套住房。从此迁出了机房街。

在"家"的隐蔽下，一切进行得非常顺利。陡峭的山路上，人烟稀寥的密林中，熙攘的闹市区，有人垂钓的小桥流水处，工厂，校园，农户，到处都有江竹筠的身影。江竹筠不但出色地完成了重庆市委的全部文案工作，同时成了党组织的秘密联络员，在党的各项工作中发挥着重要作用。

劳累，危险，统统抛在了脑后。江竹筠此时的心情有如窗外阳光明媚的天气、吹拂的和风、林中跳跃的鸟儿……温暖，轻松，愉悦。

江竹筠对自己说："我要做一只顽强的蚂蚁，在国民党腐朽政权的那道长堤上，深深穿出一个洞来，总有一天让它一溃千里！"

国民党反动派绝不会想到，在阴森血腥的白色恐怖中，山城重庆，有这样一个"小家庭"，他们不是夫妻，纯洁而亲切地生活在一起，为赶走日本帝国主义、埋葬蒋家王朝，白天办公，晚上会议，成了市委的秘密机关、国民党黑暗统治下战时首都内的一个红色据点。

上级指示的转达和重庆地下党的所有重大决定，都出自这里……

转移成都

这段时间，江竹筠、何理立一起用心啃了几本书，对抨击资本主义制度，揭露资本主义矛盾的西斯蒙学说有了些许了解。但对马克思和恩格斯创立的马克思主义政治经济学基本原理，如"唯物主义和唯心主义""资产阶级经济学中的迷乱""剩余价值的真正源泉""血腥残暴的原始积累"等，认识肤浅，没有认真联系思想实际和工作实际，不能正确应用于实践。她们感到自己理论水平和指导实际工作的能力，存在相当的差距，故而常纠结于心。

江竹筠高兴的是，现在可以"自由"阅读党的文件，得到南方局的直接指示和彭咏梧的具体帮助，同时与读书结合起来，加深理解，触类旁通，极有裨益。渐渐地，她仿佛有了如沐春风、如鱼得水的感觉。在自觉投入整风活动，响应党的号召中，决心把以往的经验做一次认真总结，把自己的"三风"进行一次根本的改造和提高。

她阅读了很多毛泽东的著作，也非常喜欢他的文章，语言是那样犀利，却又娓娓道来，精辟，内涵，富有真知灼见，使人在迷茫中顿时觉得有如醍醐灌顶，茅塞顿开。

她常常与好友何理立交流学习心得，畅谈各自的感想。

开阔了眼界，提升了思考问题和分析问题的能力，使江竹筠认识到党的工作中出现的一些问题，比如常年的斗争，党员队伍不断壮大。但是，扩大过程中，有些出身于农民、小资产阶级的新党员，虽然在组织上入了党，但在思想上完全入党还需要过程。同时，警惕一些目的不纯分子，混入党内，这种人是埋藏在党内的危险因素。这种人一旦握有权力，就会为了私利而为所欲为，把腐败堕落之风渗透到党内，败坏党的肌体。

江竹筠常常陷入深思。

但是，想后自己却又笑了。

她告诉自己，已经想得太远了。当下，应该相信，以后不管遇到多大的困难，遭遇多大挫折，党一定能锤炼出一个为民而不是为己，为公而不是为私，为了国家强大起来而不懈奋斗的坚强群体，肩负使命，走向未来。

江竹筠望眼窗外，有两个小女孩正拽着一只风筝在开阔的场地上嬉戏。风雨送春归，飞雪迎春到。又一个春暖花开的季节降临山城。她举目山野，看百花盛开，有了一种舒服惬意的感觉。

江竹筠忽生感慨，自言自语地说："这季节，农民伯伯也一定开始播种了。可是，为什么春种一粒粟，秋收万颗子，四海无闲田，农夫犹饿死呢？"

"哈哈！"传来一阵笑声，"半夜呼儿趁晓耕，羸牛无力渐艰行。时人不识农家苦，将谓田中谷自生。"

江竹筠忙打开门，何理立伫立在门前，笑嘻嘻地望着她。

"竹筠，新华营业部刚来了瓦希列夫斯卡著的小说中译本《虹》，有些学生已经买了这本书悄悄阅读，我们也一起买来一睹为快？"

"《虹》是曹靖华先生在重庆主编翻译的苏联文学丛书之一，是一部反映苏联人民英勇反击德国法西斯的作品。"江竹筠连忙把何理立拉进屋里坐下，对何理立说。

何理立高兴地问："原来你已经先睹为快啦？"

江竹筠说："我也是从党员学生那里听来的。《虹》描绘了苏联被法西斯占领的村庄，面对敌人的枪口，村民怀着对侵略者的刻骨仇恨，配合游击队进行了英勇的斗争。在法西斯铁蹄蹂躏下，女游击队员娥琳娜奋起抗争，不幸被捕，敌人当着娥琳娜的面，枪杀了她刚出生的儿子。娥琳娜坚贞不屈，英勇牺牲。娥琳娜不屈不挠的性格，代表了苏联人民同仇敌忾的英雄气概。"

"快，赶紧去新华营业部买书去！"何理立拉起江竹筠就走。

新华日报社是于1938年迁至重庆的，最初其整个机构都集中设于重庆市主城区内。1940年，原设在重庆市西三街的《新华日报》营业部，被日本飞机炸毁。在地下党的帮助下，《新华日报》报社迁往重庆市区近郊的化龙桥，营业部迁往更靠近繁华的商业中心新址民生路208号。

"竹筠，你看！"何理立指着前方说。

江竹筠与何理立走到新华营业部路口的时候，一位衣衫褴褛的母亲背着孩子，突然晕倒在路边。

江竹筠扶起晕倒的女人，是一位村妇，骨瘦如柴，脸带黑浸色，颧骨高耸，两眼深凹，看她的样子一定是饿昏了！

村妇醒过来，诉说了自己的不幸："家乡干旱，连年歉收。断粮的乡亲们连能吃的树根都挖出来吃了，再也没办法了，只有逃命出来了。"

何理立赶忙给母子买了几个菜团团。

江竹筠掏出装在衣兜里的一点钱说："大嫂，我们身上也只有这一点钱，请你拿着，回家吧。"

书没买成，江竹筠与何理立抄近路拐入一条胡同。何理立跟在江竹筠身后，不停地为逃难的一对母子感慨。

"有人跟踪我们！"江竹筠提醒何理立。

后边有个影子，远远的，时隐时现，有时藏在树后，有时躲在墙角，有时装作买东西。何理立骂道："狗特务！"

跟踪的是一个身穿黑衣的家伙。为了甩掉尾巴，江竹筠与何理立加快脚步，穿过一家棉套加工作坊，朝江边行进。

何理立发现那个身影越来越近，帽檐压得很低，脖子缩进领子里，露出一双鹰隼似的眼睛。

"这个家伙纠缠得很紧，怎样甩掉他？"何理立急促地问。

江竹筠镇定地说："我们边走边想办法，随机应变！"

"竹筠，你看又增加了一个跟踪者！"

"哪里？"

"这会儿又不见了！"

这时，一个纸团"嘭"的一声，打在江竹筠的背上。何理立疑惑地捡起来，打开看，上面只有两个字："向北"。

何理立说："我们不会中了圈套吧？"

江竹筠看完纸条，毫不犹豫地拉着何理立朝北方向疾行。果然，这一路小巷纵横交错，简直就是迷宫，很快就顺利地甩掉了跟踪来的特务。

她们松了口气,穿过集贸市场,才放慢脚步,朝回家的方向走去。

回到住处，两个人的衣服湿透了。江竹筠让何理立换上一套干爽的衣服，何理立惋惜地说："好啦，我们没得新书读啦！"

"但我们做了一件善事。"江竹筠说。

何理立满腹狐疑地问："竹筠，你好大胆啊，怎么飞来一个纸条让北行，你就乖乖服从了呢？真是不可思议，现在我心里还咚咚敲鼓，后怕得很。"

江竹筠微笑着说："因为，我相信这个人！"

"这个人，你认识？"何理立更糊涂了。

江竹筠说："人我没有见到，但是你却见到了。就是你说的又增加了一个跟踪的那个人，我相信是她！"

"但是，我没看清楚她长得什么模样，何时让我见识见识，太厉害啦！见面时我一定给她敬一个礼，真诚地感谢她！"

"不用谢，她是我们的同志，为了一个共同目标，跟我们一样战斗在山城重庆。哦，也许并不仅仅是重庆。这已经是与她第二次偶遇，也是第二次掩护了我们。没有见到她的人，但我认识她写的字。"

何理立委屈地叹息了一声："如此说来，你认得我们，但我不认得你，如果新中国成立的那一天，我们在街上遇到，我可能依然认不出你，请你不要生气，更不要伤心，希望我们在明媚的阳光里，重新认识一次。那就等新中国成立的那一天，让我们像姐妹一样相见吧！"

江竹筠拍拍她的肩膀:"到胜利的那天,你再诗兴大发好啦。"

这次历险,说明江竹筠、何理立有可能已经暴露。为了保障市委机关的安全,党组织决定她俩先后向成都转移。

宋林同志特意赶来,告诉江竹筠:"国民党军警宪特,还有雇佣的流氓痞子,已经织成了一张破坏地下党组织的黑网,我们地下党组织机构面临威胁。为防止出现意外,重庆市委特意委派我来转告你和何理立同志,迅速安全转移。"

离开母亲,离开重庆,离开这里的同志和战友,离开这个战斗的地方。

山城再见了!

1944年5月,这个历史上因杜甫那首《春夜喜雨》:"好雨知时节,当春乃发生。随风潜入夜,润物细无声。野径云俱黑,江船火独明。晓看红湿处,花重锦官城。"而闻名遐迩的"天府之国""蜀中江南""蜀中苏杭"巴蜀古城,迎来了江竹筠。

她一路耳闻目睹了反动统治下的各种灾难。简阳、乐至、安岳到处是饥饿,到处是国民党反动势力的血腥杀戮。令她感到气愤之极的是那些未成年的孩子,竟被饥饿所杀害,多少母亲的泪水流成了河。她觉得这个社会并非人间,而是地狱。那天空的阴云愁雾,似乎裹挟着无数娃娃的哭声,悲切地诉说着他们所遭遇的不幸。

江竹筠责怪自己对群众的疾苦知之甚少,联系到党的整风运动,对整顿学风、党风、文风的方针,有了进一步的理解和更深的体会。她提醒自己,要多做群众工作,引导群众,与这个罪恶的社会斗争。哪怕自己的力量就像一滴水那样微薄,也要汇聚到革命滚滚洪流中,让蒋家王朝彻底覆灭的日子早一天到来。

就在她即将融进这座城市时,一直默默支持着她的妈妈,病逝在那间吊脚楼里。那些光顾摊位的工人兄弟们,发现了"江嫂""江三娘"一连几天没有照常来摆摊营业,走到观音岩那幢摇摇欲坠的吊脚楼里,发现她已经去世。

舅舅李义铭得知后,安葬了她的遗体……

四川大学

到达成都后,江竹筠要做的第一件事,就是到金牛坝找何理立。重庆启程时,她们约好分头行动,到成都会合。

由于何理立不在金牛坝,一位姑娘接待了她。

"自我介绍一下,我叫王珍如。请问你是江竹筠吧?何理立告诉我,你来找她,让你等她。"

这位戴着眼镜、留着一头披肩发的女青年,给江竹筠的第一感觉是稳重漂亮,思维敏捷,话锋干脆利落,是个率真正直的人。

在后来不断的接触中,江竹筠逐渐感受到了王珍如想进步的迫切愿望。她不但痛恨国民党反动统治,而且有明显支持共产党的感情倾向,对人热情,乐于助人。她们很快成了挚友,也是开展工作上的好帮手。

江竹筠在王珍如的帮助下,迅速了解了成都的抗日救亡运动、国民党地方当局顽固势力制造的反共阴谋活动的情况。

王珍如的讲述很有条理性，从成都轰轰烈烈的抗日救亡运动和抗日民主运动，到成都各阶层爱国人士看到大片国土沦丧，和国民党反动政府的屈辱退让，无不痛心疾首，先后组织起来，出现了"四川抗日救国大会""四川省国难救济会""国民救国会四川各界民众促成会"，同时组织了义勇军敢死队、大刀队，以及各种"反日会""反日团""抗宣队"等各行各业的抗日救亡组织，她娓娓道来，如数家珍。

　　江竹筠暗中察访，深入了解到，由于国民党对抗战形势大肆歪曲，群众无法了解时局真相，特别是对中国共产党提出全面抗战的政策和主张，以及解放区战场的情况更难以了解。为此，川大组织了形势报告会，到社会上进行演讲，邀请亲身经历沦陷区的同学讲前线战争形势、汉奸投敌卖国的丑闻，以帮助大家了解真相，看清国民党的反动本质。

　　演讲内容真实、生动感人，通过宣传"只有坚持抗战到底，清除'和谈降日'卖国主义思想，才能挽救民族危亡"等道理，呼吁社会各界捐献钱物，支援浴血抗战的军民，大大增强了人民抗战到底的决心。

　　四川大学声势浩大的抗日救亡运动，深深地影响了江竹筠。一幕幕激情澎湃的场面，使她倍受鼓舞——

　　成群结队的川大学生奔赴成都周边地区，深入到老百姓家中，进行抗日救国的宣传。

　　大街小巷，救亡歌曲悲壮的旋律打动了观众的心，多少同胞倾听着《松花江上》，想到痛失家园的国之殇，不禁热泪滚滚。

　　街头话剧《古城的怒吼》《放下你的鞭子》的表演，激起了一个个中华儿女的爱国热情。

她相信，星星之火，可以燎原。成都高校的学生抗日救亡运动，团结了广大青年学生，宣传了中国共产党的抗日民族统一战线政策，向城乡广大民众传播了抗日救国和革命的道理，从而涌现出了一批共产党员和进步分子，为推动成都地区的抗日救亡运动做出了贡献。

江竹筠被感染了，心中不由萌发了报考川大的信念。川大规模影响这么大，要是能考进去，可以方便开展学运活动。她想，组织上也一定会支持自己的想法。

江竹筠的想法，立即得到进步青年庞佑宗的极力支持。庞佑宗与江竹筠早就相识，他因躲避敌特盯梢，所以转移到成都的重庆银行就职，在九眼桥附近的苣泉街办事处工作。

这条街不长，既隐蔽也很方便，出门就是东门大桥，二三百米远就是九眼桥四川大学的望江楼。办事处也只有五六个人，庞佑宗在这里工作，掩护得非常好，为江竹筠提供了很多的方便。

暑假将近，大学招生考试还有两个月的时间，江竹筠决心一拼。她寄住在庞佑宗供职的办事处，在狭窄的蜗居里夜以继日，专心致志地读书，除了吃饭，极少离开房间半步。

江竹筠这种殚精竭虑、废寝忘食的学习精神，深深打动了庞佑宗。

庞佑宗的中学同学廖荣震为人忠厚，这时正在川大读法律专业，且是宜汉人，与老家达县的庞佑宗属于"半边老乡"。庞佑宗就特意请廖荣震来帮江竹筠补习功课。廖荣震感到自己还不足以让江竹筠在学习上突飞猛进，又请来了从沦陷区安徽来的杨、于两位同学。这两位同学很热情，他们又请来了同籍的川大老师。见庞佑宗已经搬来如此强大阵容的补习队伍，何理立鼓励江竹筠说："你这不叫临阵磨刀，而是众人拾柴火焰高，一定是不占领阵地誓不罢休！"

交通员这时送来了彭咏梧的回信。江竹筠一口气读完，高兴地对何理立和庞佑宗说："'家'里非常支持，说我们正需要争取这种阵地呢！一定要考上川大！"

江竹筠说的家，指的是党组织。

暑假结束，川大开学了。江竹筠胜利地"拿下了阵地"，她满怀激情地走进了四川大学的校园。一个穷人家的女子，开始了她曾经梦寐以求的大学生涯。

按照重庆地下党组织的指示，要求她配合当地党组织，多做联系群众、宣传群众、发动群众的工作，致力于壮大革命力量。江竹筠在参加社团、广泛交流、增进友谊、凝聚力量的同时，观察了解发现这所1943年从峨眉迁返成都，下设国文、英文、史地、理化、数学、化学等八个系，史地、理化、数学三个专修科，继增设航空工程系、土木工程系后还将增加机械电机系的大学，不但蕴藏着巨大的革命力量，而且也是三教九流的云集之地，成分纷繁，思想复杂。后来发生的几件具有代表性的传闻，足以说明。

川大穿则奇装异服，行则吃喝玩乐，在解放思想、自由平等幌子的掩盖下，放纵地张扬自我，不羁于道德约束的摩登女，不为少数，成为特色。常被人背后斥之为奢侈、花瓶。

这些摩登女走出校门和没有走出校门的，甘心投身权贵富绅政客，为妻为妾为姘。上学不过是镀金，游戏的是人生。

这些光怪陆离、千奇百怪的现象，虽不是主流，但对于长期以来接触的是中学生们的清纯、工人们的淳朴、农民们的忠厚的江竹筠，是一个不小的适应考验。她们不关心国家和民族命运，不关心革命。如何对待她们，仅仅保持井水不犯河水，或持有鄙视和不屑是远远不够的。如此之下，与江竹筠一同跨入校园的，也是她刚刚结交的好朋友董绛云，就令她有了"非常不同"的感觉，也是她开展工作的好伙伴。

董绛云，来自川西平原腹地古蜀之源的郫县，是一位农家女孩。农家的生活，天然地造就了她所拥有的微黑光鲜的面颊、结实健壮的腰板。她似乎显得有些土气，不大与那些潮派、海派合群。但她沉稳练达，朴实诚恳，有正义感，而且学业扎实。

她们是同班同学，同居一室，学习上互相鼓励，生活上互相帮助、形影相随。

何理立来找江竹筠秘密谈工作，交流活动开展情况，有时还带来新发展的同志，分派任务。董绛云总是以打水或者倾倒垃圾为托词，走出房间，不再回来。

有了这些进步同学的支持，为江竹筠秘密做好党的地下工作，创造了有利条件。

江竹筠身边吸引了大量追求进步的同学，她充分发挥出自己搞学运的特长，以读书小组、研讨小组之名，很快组成了一些秘密活动小组，顺利展开了党的地下活动，传播党的信息，增强学生们对新中国未来的认知，有效地呼应了川大党组织的各个行动计划，使一大批进步学生离开成都，前往延安……

就在这时，重庆方面传来一个噩耗，谭政烈与儿子不幸罹难了。

江竹筠虽然不曾与谭政烈见过一面，但是，在江竹筠的心里，谭政烈是一位淳朴善良、勤劳本分、支持革命的大姐，她为了梧哥所投身的伟大事业，为了迎来一个国泰民安的新中国，做出了巨大的牺牲。梧哥不在她的身边，她所付出的艰辛和牺牲，是别人所无法体会和感知的。

她一直心存念想，有一天能见到这位大姐，表达自己的谢忱，感谢她对革命斗争的支持，感谢她对自己与梧哥纯粹革命友谊的理解，感谢她……

一种无法述说的惆怅，灌注了她的心田。她连夜给彭咏梧写了一封信，表达了对梧哥痛失爱妻和儿子的同情和悲伤，劝慰他注意身体，告诉他人死不能复生，相信大姐和儿子九泉之下也会关注他的。附言中特别提到，周末她打算回重庆，与他一起祭奠政烈大姐。

彭咏梧很快回信了，要她不要分心，要抓紧学习，党需要她做一个合格的大学生，掌握更多的知识，将来能为党做更多的工作……

抗战胜利了

1945年，迎来了中华民族命运的转折。

8月9日，新华广播电台播送了中共中央主席毛泽东向全国人民发表的《对日寇的最后一战》的声明。犹如锐风吹拂大地，像杀敌的号角振奋着人心，与世界反法西斯战场烽烟战火遥相呼应。

江竹筠走在大街上，发现人头攒动，围拢在一起，不知何时墙上有人贴出了"日本帝国主义投降了"的标语。

"法西斯投降，真的吗？"很多人，你问我，我问他。

"是真的！"很多人异口同声地回答。

随即，很多人一齐雀跃起来："日本法西斯投降了！希特勒法西斯也已经投降了！全世界的反法西斯胜利了！中国人民的抗日战争胜利了！"

胜利了！胜利了！到处是发自肺腑，喜不自禁，不能自已地欢呼。

人们奔走相告。马路上聚集了越来越多的人，谁也不去查问这消息是从哪里来的,但是它如同长了翅膀似的,由这一处传到那一处,以几何级的传播力度,迅速传遍了山城,传遍了大地。

重庆有数十万市民拥上街头,马路上挤满了自发游行的市民,敲锣打鼓,爆竹声震耳欲聋。人们的嗓子都喊哑了,重庆已经变成了狂欢的海洋。

但是在这一天,无耻至极的蒋介石下达了三道命令:要中共军队"就地驻防待命",不得向敌伪"擅自行动";要国民党军积极推进,"勿稍松懈";要伪军汉奸"切实负责维持地方"。

江竹筠穿梭在欢呼的人流中,挥动着彩带。在庆祝抗战胜利的同时,还有她自己的幸福。组织上批准江竹筠与彭咏梧结婚,从此不再扮演假夫妻,而是名副其实的革命夫妻。江竹筠从成都回到重庆度蜜月,她在幸福的时刻目睹和亲历了人民群众庆祝抗战胜利的盛况。

新婚宴尔的地下党组织的领导人彭咏梧与江竹筠伫立在《新华日报》的旧址前,脸上洋溢出对敌斗争胜利的微笑。他们完全被激情澎湃的气氛所包围、所感染,已经全然忘却了曾经经历过的艰难,曾经经历过的危险。

"同胞们!"一个身着破衣烂衫的同胞从人群中跳起来,用浓重的外地方言喊着,"日本投降了,我们可以回去了!"

"我们可以回去了!"群众中无数人响应着。

"我们来唱一首歌。"

"唱一首歌!"

男的女的,老的少的,各色人等都放开了喉咙。

江竹筠低声说:"我们高兴的同时,那个阴险的蒋介石,会有好戏上演的！"

彭咏梧低声回答："我党非常清楚这一点，我党曾经吃过他的亏，会警惕的。"

果不其然，有消息传来，何应钦竟然与日本方面的最高指挥官冈村宁次串通一气，要求日本的在华部队必须向国民党还有国民党指派来的长官投降。是可忍孰不可忍的是，何应钦还暗示敌方可以用武力来抗拒八路军的要求。

总司令朱德发表了针对蒋介石的致电："你给我们的这个命令，不但不公道，而且违背中华民族利益，仅有利于日本侵略者和背叛祖国的汉奸们。"

《新华日报》发表社论《光荣属于人民》，庄严宣告："抗战胜利是全国军民共同奋斗之结果。"

为了大局，中国共产党中央主席毛泽东自延安飞抵重庆。

面对国民党为共产党八路军受日降一事设置的种种阻碍，毛泽东主席下令人民军队，日本军队如果拒绝投降的话，马上根据情况展开攻击，逐一消灭所有拒不投降者。毛泽东和朱德领导的人民武装力量，迅速行动，以摧枯拉朽之势，打击了顽固不降的日军残余，解放了一座又一座县城并收复了大量属于人民的疆土。

江竹筠为之激动不已，对彭咏梧说："抗日战争是伟大的，人民是伟大的，人民的军队是伟大的，共产党是伟大的，全世界反法西斯斗争是伟大的。我们要为伟大的事业而奋斗到底！"

他们的手紧紧握在一起，表达了共同的决心。

这次往返成渝途中，江竹筠专程回到了自流井，回到了阔别多年的故乡。她不是岁岁年年寒食里无家的游子，而是一位为国为民秘密战斗的巾帼英雄,深情地感念这里的一草一木,还有那些陪伴她成长的父老乡亲。她在这里听到了在盐场进行地下斗争的共产党员肖凤阶、方士廷烈士的事迹。他们组织工人与资本家斗争,取得反对"抽签轮推"、反解雇斗争的胜利,维护了工人的利益。在红箬地活观音庙内,盐业工人总同盟大罢工准备情况检查会上,与19名工人代表一同被捕。为保护被捕工人,为使党组织免遭破坏,挺身而出。临刑路上,他们高唱《国际歌》,敌人胆战心惊,中途开枪,英勇就义于大坟堡洞口井。

烈士的精神,深深地震撼了江竹筠,让她的内心燃烧起愤怒的烈火。她告慰烈士:"我们所有的共产党人一直在斗争,在战斗。我们要彻底埋葬腐朽的国民党政权,让天下百姓过上有尊严、有地位的日子!"

"再见了,自流井!再见了,这块伟大的土地!"江竹筠洒泪而别,踏上了返校的征程。

1946年4月,江竹筠就要分娩了。

临近分娩的日子,江竹筠住到了川大附近的文庙街同学的家里。很多人都在关心她。为了照顾她,董绛云寸步不离地陪伴在她身边。

"竹筠,好好休息一下吧!"很多同学关心地劝她。

"以后的一段时间里,难免要耽误功课的,所以,要提前补回来。"江竹筠心里想着为了党的事业,为了以后更好地为党工作,功课是不能耽搁的。

"梧哥什么时候来?"同学们问。

"梧哥忙,可能要过一段时间才能离开。"董绛云善解人意地替江竹筠做了回答。

"他正在请假。"江竹筠点点头,幸福地笑了。

同学们把她送到华西医科大学协和医院妇产科。在医院里,江竹筠作出了惊人的决定:请求医生在临产的同时,为自己做绝育手术。

一个鲜亮年华的大学生,一胎就要做绝育?医生怔怔地望着江竹筠,不敢相信自己的耳朵。

董绛云等几位同学,也惊讶地望着江竹筠。

母爱,是伟大的。天下众生,哪个不喜欢自己的孩子?哪个不向往"路透江东屋边田,儿孙绕膝尽堪传"的生活?可是,反动势力虎视眈眈,觊觎抗战的胜利果实,蒋家王朝正在剑拔弩张,磨刀霍霍,局势一触即发,面临的斗争越来越激烈而残酷,革命者随时都有牺牲的可能,共产党员随时都准备着付出生命的代价!

江竹筠的表情,告诉了他们一切。她坚定地说:"这是我已经想好了的。"

"革命事业需要坚定的信念。儿女一多,于我是拖累;我于儿女,亦是亏欠。"这样的念头,已经在江竹筠的内心里,不知翻卷了多少遍。

一个决心要把一切献给党的儿女,有什么不舍得的呢!

半个月后,彭咏梧匆匆赶来。当得知竹筠做了绝育手术,难免有些始料不及,但他深沉地说:"子孙成行,多子多福,乃是天下所有父母的夙愿,我们革命者何尝不如此?可是,为了党的地下工作做出必要牺牲,竹筠,我深切理解你的心情。"

"给孩子取个名字吧。"

面对残酷环境下出生的孩子,彭咏梧内心充满了浓浓的父爱,但是，时局不允许他久留，党需要他返回重庆，迎接国民党更加残酷的白色恐怖。临行那天，他望了望天空染红的彩云，眼前浮现出抗战胜利日在重庆度蜜月时的时光，那天也是这样的漫天彩云，还有董绛云无微不至地关照他们母子，于是对江竹筠说："我们的儿子就叫彭云吧。"

送走了丈夫，江竹筠担当起了"携家带口"的新生活。

"哪怕再苦再累，也是甜的。"江竹筠心里美滋滋的。这是身在斗争中的人，才能深切体会到的，艰险中自有甜的感觉。

同学家的丁婆婆是位非常热心的家庭妇女，非常喜欢江竹筠的勤奋诚恳淳朴，便主动过来帮忙带小彭云，找出家中的旧衣服，改制成婴儿的衣裳，买一床小棉絮一剖为二，铺的盖的都齐了。她还时常用网子到水边抓来小鱼，为他们母子俩滋补身子。这段时间里，何理立来得更勤了，给予母子无微不至的照顾，带来了从田边采撷的鲜花，还带来了家里送来的家乡特产。星期天，同学们带来水果、鸡蛋、甜点，送来了友情和温暖。虽然丈夫不在身边，但江竹筠的产假过得温暖而愉快。

丁婆婆关切地说："闺女，估摸你该回校上课了，宝宝留给我照看，放心去吧！"

江竹筠心中充满慈爱地望望儿子，嘱咐道："婆婆不要惯着娃子，不要一听见啼哭就抱着他走动或者喂糖水。"

在江竹筠的世界里，教育后代要从小开始，从小培育孩子敢于吃苦，长大成人走向社会，才会把艰苦奋斗当作前进的动力。没有艰苦奋斗的精神，绝不会造就健康的人生；没有艰苦奋斗的精神，也绝不会孕育一个勇于担当的民族。这是江竹筠刻骨入髓的认知。

江竹筠相信，孩子长大了，一定会明白作为共产党员的妈妈的用心，明白共产党人所做的一切是有价值的。

襁褓中的小彭云，望着妈妈，"咯咯"地笑了。

江竹筠也笑了。

小彭云满月这天，彭咏梧给孩子寄来一个布娃娃，是一只可爱的小老虎，彭咏梧亲手制作的。

江竹筠懂得丈夫所表达的含义。

江竹筠高兴地逗着孩子说："你爸爸希望你长大后，虎虎有生气，勇猛威武，成为党的战士哩！"

新的战斗在召唤

1946年学校暑假期间,党组织根据时局的变化,安排江竹筠返回重庆。

江竹筠望着滔滔河水、儦儦行人,举目熟悉的望江楼,回首在川大度过的意义非凡的岁月,联想起新结识的同志和朋友,以及那些在短暂而漫长的校园生活中,给予过自己各种帮助的人,心中不舍之情,油然而生。

再见了,同志们!

再见了,川大!

再见了,锦城!

哪天回来,一定是已经解放了的蓉城,到那时一定会再一睹你的芳容!

江竹筠与同志们分别约定了不同的联系方式,然后一路乘船而下,回到重庆的时候,已经是阴霾中的黎明。

映入江竹筠眼帘的重庆，已经全然不见了抗战胜利后沉浸于欢乐和陶醉的笑脸，不见了满大街欢庆雀跃的群众。这里依然没有祥和与阳光。

山城重庆，笼罩在阴森的白色恐怖中，弥漫着血腥的气息。

1946年1月10日，国民党政府在重庆召开了有中国共产党和各民主党派参加的政治协商会议。为了促使政治协商会议成功地进行，重庆各界组成了政治协商会议"陪都各界协进会"。从1月12日到27日，由该"协进会"组织共召开了八次各界民众大会，大会从第四次起改在重庆沧白堂举行。1月16日至19日，当局连续派遣特务跟踪威胁到会的政协代表，并且扰乱会场，谩骂、殴打会议主持人、政协代表和到会群众，打伤政协代表郭沫若、张东荪等人，此即国民党特务蓄意制造的破坏重庆政治协商会议的"沧白堂事件"。

1946年1月31日，政治协商会议闭幕。由政协重庆各界协进会等19个团体发起，定于2月10日在重庆较场口广场举行庆祝政协成功。当参加大会的群众团体陆续进入会场时，由中统特务组织秘密拼凑的另外一个所谓"主席团"成员登上了主席台。会场两侧布满了特务打手。总指挥李公朴和主席团成员施复亮上前阻拦遭到毒打。陶行知、章乃器等和新闻记者及劳协会员60余人也被打伤。这就是国民党反动派破坏政协决议、坚持独裁内战、践踏人民民主权利的反动面目原形毕露的"较场口血案"。

国民党随即拟定了暗杀名单，李公朴被列为第一名，闻一多为第二名。带着伤痕回到昆明的李公朴，1946年7月11日晚，在外出归途中，与夫人在青云街大兴坡遭国民党特务暗杀。

爱国主义民主战士闻一多当即通电全国，控诉反动派的罪行，痛斥国民党特务。1946年7月15日，他主持民主周刊社的记者招待会，在返家途中，亦被国民党特务射杀殉难。

不仅如此，曾于1945年12月1日，大批国民党特务和军人分途围攻西南联大和云南大学等校，毒打学生和教师，并向学生集中的地方投掷手榴弹，炸死学生和教师数人，伤60余人，酿成了惨无人道的"一二·一惨案"。

全国人民希望实现和平民主，经过谈判，1945年10月10日，国共双方签署了《政府与中共代表会议纪要》，即"双十协定"。表明了实施民主和和平建国的诚意，但是，无数血的事实证明，全面内战才是国民党政权的目的，目前不过是借国共和谈，来为自己在美国支持下打内战，争取充足的准备时间而已。

果不其然，1946年6月，蒋介石单方面撕毁"双十协定"，大举进攻中原解放区。

内战已经开始，觉醒的中国人民，彻底认清了蒋介石卖国、独裁、内战的真面目。人们动员起来，丢掉幻想，投入伟大的反蒋斗争，坚决拥护共产党的主张。各阶层人士，积极热情地寻找共产党的组织领导。江竹筠的战友和同志们热血沸腾，无所畏惧，面对国民党血腥屠杀，展开周密全面的工作，配合和支援前方的战斗。

曾于1946年4月，国民党政府还都南京后，重庆作为战时首都的历史使命随之结束。重庆外围斗争日渐激烈，全国的斗争形势如火如荼，革命根据地解放区不断扩展，很多同志从巴渝奔赴延安和中原解放区。

母亲故去后，观音岩的老家无人居住，江竹筠把这里当作过往同志们的临时落脚点、周转站、招待所。

多少个昼夜，江竹筠在这里迎接同志和战友的到来；多少个黎明，她送走了一个又一个、一批又一批做地下工作的勇士。

由于交通封锁，物质匮乏，同志们的斗争生活极其艰苦。江竹筠以关爱之心，呵护着所有的同志。有时身上有几个钱全都塞给他们，有时拿几个鸡蛋、鹅蛋煮好塞进他们的衣兜里，有时帮助他们缝补衣物。路过这里的同志，体会到的是温暖，留在心中的是战斗的友情，因此年轻的同志称呼她江姐，年长的也跟随着一同呼唤她为江姐。这个称呼里，既包含的是同志们对江竹筠关心同志、爱护同志的那种无微不至情怀的感动，更体现了同志们之间纯真的革命友谊。

为了帮助过往的同志，江竹筠生活得十分俭朴，除了身上随常替换的衣服，为应付隐蔽斗争的需要，要与"彭太太"的身份相符外，她从不为自己奢侈消费一分钱。她知道，在残酷的斗争中，很多同志由于没有安逸的生活环境，往往落下了胃病，所以，哪怕手里再紧巴，也要让落脚的同志穿暖和、吃饱饭。

转入延安抗大学习，毕业后分配到八路军 120 师 358 旅作见习参谋的陈仕仲，由于胃病发作，十分严重，被批准回开县老家治疗。路过山城，街上的小吃辛辣，江竹筠在观音岩落脚点为他精心做适合滋补的淡味软食，病情有所缓解，江竹筠又从药店买来元胡、砂仁、藿香等中草药让其带上，再三嘱咐："部队需要你早日康复归队，带着这些药品回家后马上就可以煎熬服用，不至于再去抓药耽搁时间。"

为了便于工作，江竹筠以彭咏梧的名义，在大梁子青年会租了一套住房，除去随房子附租的一张桌子和一张睡床，只买了一个柜子和一些锅碗瓢盆，尽其可能节省下每一分钱。彭咏梧作为中央信托局的中级职员，有许多无法推脱的社会应酬，对于那些骨子里灌注了庸俗可厌的铜臭气味的三教九流，不管是人是鬼，总要做做样子。一旦摆脱那些俗务，就立即投入庄严神圣的党的地下工作。繁重而缜密的机关工作，就主要落在了江竹筠的肩上。她既要全力维护地下组织的安全，又必须担当好各项联络任务，为党的行动计划提供周密的内务保障。

她倾注心血，运筹每一个细微环节，做到滴水不漏、有条不紊。在敌人的眼皮子底下，却丝毫不曾引起敌人的警觉和注意。

由于外出活动的频繁增加，已经不再适宜单纯以家庭妇女的身份作为掩护，她必须有一个社会职业，于是在三舅开办的慈善中学谋了一个兼职会计的差事，这样既有了一定的收入，又为自由行动提供了便利。此时的三舅李义铭也改变了过去的态度，转而支持江竹筠的行动。这是党的斗争发展深入的结果，也是时局变化的效果。随着中国共产党的影响力逐步深化，民族工商业者和知识分子的政治态度都在发生着倾向性的变化。

李义铭不但开始与他从前不放心的外甥女接近，还主动关心起江竹筠和小彭云的生活。来往有节，江竹筠也摒弃前嫌，主动团结舅父。舅甥间的关系日渐亲密，彭咏梧也成了李家的得意甥婿和来来往往的座上客。

在一个风和日丽的日子，李义铭特意让舅妈把彭咏梧和江竹筠夫妇请到家里，和蔼地说："你们结婚时，没有一个像样的婚礼，舅舅和舅妈时常想来，以为憾事。所以，今天请你们来，一家人在一起吃一杯薄酒。你舅妈还给你们置办了一份该由舅舅舅妈补上的礼物，作为对你们的祝福吧！"

那一天，江竹筠蓦然感到三舅和舅妈真的变了，岁月的风霜，也让他们变老了。

一切服从党

江竹筠肩负着地下联络的特殊工作,危险而艰辛。为了避开敌人的重重盘查和纠缠,她有意绕开好走的城区闹市和郊外大路,穿行于蜿蜒曲折的户区狭巷和崎岖坎坷的林间小路上。

她身着旧旗袍,手拿一把伞,带着半个干饼,穿梭于风雨里,顶着烈日,冒着飞沙……

蝈叫,蛙鸣,蛇行,野兽出没……

日落山后,静谧的丛林孤寂阴冷。风吹过,枝叶窸窣,宛若有人跟踪。匪患拦截,随时有可能发生。

郊外的同志担心江竹筠一个女同志只身夜晚行动不安全,揣上手枪说:"江姐,我护送你下山,要防备这一带有特务出没!"

江竹筠坚持说:"我一个人行动,就是遇上敌人盯梢,也便于应对。人多了,反而更容易引起敌人的怀疑。"

在茫茫夜色里,她已经习惯了这种独来独往的行动方式。传达重庆市委的指示，送达每一项行动任务，她犹如一个播火者，把火种撒遍巴渝大地，撒遍偏僻的角落。

市委紧急通知，要求地下组织提高警惕，预防不测发生。

消息起源于中原解放区，国民党调集 20 多个师的部队，对中原解放区展开军事合围。国共双方代表虽然专门就停止武装冲突签订了《汉口协议》，但墨迹未干的协议已经化作了一纸空文。国民党针对共产党领导的人民武装力量的战争触角，已经将中原军区人民解放军，分割包围在以宣化店为中心的罗山、光山、商城、经扶、礼山等一带狭小地区内。

尽管中共中央为了顾全大局，避免爆发全面内战，将解放区收缩到了原来的十分之一。可是，国民党把中国共产党的宽阔胸怀，当作了可乘的战机，加速排兵布阵，快速增至 10 个整编师约 30 万人，各路人马气势汹汹，带着重武器向中原解放区扑来。作战地图上显示，解放区北面是国民党第四十七军，西北面是国民党第六十六军，第四十七军和第六十六军的后面还有国民党第四十一军，东面是国民党第四十八军，南面是第七十二军，西面是第七十五军。西安、武汉的空军，亦蠢蠢欲动。

刀光剑影，枪弹上膛，战火一触即发。

这说明，局势异常严峻，势必影响到重庆的反动势力。

重庆国民党政权已经快速异动，特务大楼的便衣频繁出入，一派杀气，以"防备地方治安"之名，对共产党人伸出了屠刀。从重庆出发，抵达昆明的民主同盟中央委员李公朴，还有闻一多，先后被杀害，分布巴渝周边活动的共产党员和进步群众亦频遭毒手。进京大道鄂豫皖交界的战事，山城当局的动向，成为重庆市委地下党关注的重点。

新的消息传来：已于1946年6月26日拂晓起，国民党向人民解放军大举进犯。根据中共中央指示，中原局、中原军区决定以部分部队向津浦路以东转移，借此迷惑敌人。主力则分左右两路向西突围，人民解放军在宣化店打响了"中原突围"战。

军事的疯狂，必然伴随政治的嚣张。蒋介石统治下的重庆政治环境加倍险恶，到处弥漫着血腥杀戮的气息，几次集会遭遇国民党特务袭击，撤退中发生流血事件。

地下工作，是赴汤蹈火、刀尖上的战斗，不但每天应付国民党特务的重复询问，而且无论城区还是郊外，举办各种活动受到非常苛刻的限制，但凡两人以上聚会统统被禁止。国民党特务以查户口为名，频繁突袭社区、村寨，侦察情况。

江竹筠向彭咏梧汇报："所到之处，岗哨林立，特务密布。街道路口设置了关卡，严格盘查过往行人，跟踪'可疑分子'，已经成为常态。"

彭咏梧指示："防止国民党反动派的破坏和突袭，各个地下活动点设立严格的安全保密制度，外出防盯梢，文件阅后要立即销毁，内务材料尽量不得涉及具体姓名和地址。"

江竹筠凭着良好的记忆能力，把所有工作信息印在脑海里，带着这种被"特殊加密"的党的文件，秘密深入基层，布置行动，发展党员，带动群众。以此改变重庆党组织力量低潮时带来的不利现状：力量相对薄弱；党员人数落后于疾速行进的革命形势；有些同志墨守偏重隐蔽的成规，不敢放手发动群众，不敢大胆使用积极分子等。

地火在地下运行，地下党组织就是奔腾的火焰，带领进步力量和革命群众，打响了揭露蒋介石独裁、内战、巧取豪夺，蒋宋孔陈四大家族和达官显贵大发国难财的丑恶行径的新一轮舆论战斗。

江竹筠协助彭咏梧，奔走于大学、中学校园，来往于工厂车间。

示威游行、街头演讲、反内战宣传演出……蓬勃兴起，浩浩荡荡，极大地震动了蒋介石集团的党棍和鹰犬。

有次演讲台上出现了一封匿名信件，信封鼓鼓的。江竹筠打开一看，里面装有一颗子弹，信上威胁："必须停止反蒋，否则……"

江竹筠看后，淡淡一笑说："卑鄙！无耻！人民的力量是吓得倒的？"然后，用这件事进一步教育大家："我们是和一群流氓斗争，要随时提高警惕，防备捣乱和破坏！"

表弟颜蕟提醒说："表姐你担当了太多的危险。"

江竹筠回答说："做党的工作，要一切听从党的安排，这是信仰的抉择。"

她不但自己身体力行这样的诺言，同时还关注同志们的所思所想。挂职《时事新报》校对的唐永梅便是其中之一。

《时事新报》虽是国民党的报纸，但里面有不少秘密党员和进步人士。早期，江竹筠主要向唐永梅传达革命形势、当前任务，强调地下工作的纪律，了解唐永梅所在报馆人员的政治面貌。在唐永梅做好掩护工作后，江竹筠又交给她两个任务：一是代替组织收信，凡是邮票贴在左上角的信件，等到江竹筠来取；二是凡外地来重庆寻找党组织的人，先到报馆找唐永梅接头，对上暗号便转告去找《世界日报》的另一位同志。

因唐永梅做秘密通信员的工作，受到保密纪律的制约，她不能与外界接触，不能参加进步活动，也很少上街。下班后，便留在宿舍，窗前挂一个安全标志，随时等着江竹筠来取信。

唐永梅看到高涨的群众运动，很想参加实际斗争，就向江竹筠表达了自己的向往和追求。

唐永梅说："前方的战士冲锋陷阵，与国民党反动派战斗，后方的共产党人与反动政权、党棍特务战斗。而我却躲刀避剑，避守蜗居，吃了饭就坐着。"

江竹筠很理解她的心情，与她谈心，指出："革命工作分工不同，就像钟表，没有哪个部件重要、哪个部件不重要。"

唐永梅说："不能为党做更多的贡献，我觉得非常憋屈。"

江竹筠告诉她自己的体会："我做这项工作，开始也觉得简单，不过瘾，不安心。后来看到很多事例，才明白通信联络，看似寻常，实为党的纽带，至关重要。如果稍有差误，就会使一些同志失去党的领导。它又是党的前卫，你的地址是公开的，如果某个不坚定分子出了问题，首当其冲的是你，你顶住了，上级和其他同志就安全了。你是在重要的岗位上，为党战斗。"

江竹筠从来不以领导者自居，而是与大家一样，作为革命队伍的一员普通战士，体贴同志，解决困难。唐永梅担负母亲的生活，江竹筠时常关心她是否按月给母亲寄钱回家，是否缺钱，缺钱的话组织可以帮助。多次询问她对婚姻的想法，在党内帮助物色对象。有时还带食品来与她共进一餐。

唐永梅说："江竹筠像个热水瓶，热在里面，每来一次，就驱散我心中的孤寂，给我力量，使我愉快地坚持通联工作。"

有些同志从农村来，衣着不合城市环境，不利于掩护工作，江竹筠便细心地逐一帮助换装。

江竹筠提示说:"在敌占区,敌人就像扑食的鹰鹫,眼睛死死盯着,巴不得发现猎物。只要有一点可疑之处,就会被他们抓去,充当战利品请功。凡是到了他们手里的人,便会立即遭到他们的严刑拷打,他们以屈打成招来牟取钱财。所以说,一点一滴都勿可大意,不能留给敌人蛛丝马迹。"

一位外地籍贯的做地下工作的同志,遭遇敌人追缉不幸罹难。江竹筠拿出自己的新衣,为牺牲的同志换装,做安葬的准备。

烈士的亲人说:"敌人还在搜索,就不要换衣服了。"

江竹筠细心地问:"这是为什么?"

烈士的亲人说:"这是你的新衣,怎么能给去世的人穿?"

烈士的另一位亲人也说:"活着的时候不讲究,牺牲了就不要讲究了。"

江竹筠含着眼泪,一边整理烈士的遗容,一边说:"革命同志是我们的亲人,亲人牺牲,生命献给了党的事业,难道我们还有什么值得顾忌的吗?让烈士安息!新中国成立后,党和人民也一定会建设陵园,安葬英烈的遗骨,让后人永远记住他们这些牺牲的同志!"

路过烈士们的墓地,她总要恭敬地采撷一些野花放在烈士墓前。她告慰烈士们:"千千万万的革命者,正在前赴后继,勇敢战斗。新中国,一定是属于我们的!"

抗议野蛮暴行

水深火热中的中国百姓,深受美帝国主义野蛮暴行之虐,苦不堪言。天津、上海、南京、武汉、广州等城市,终于酝酿了一场风暴。

重庆地下党也已经做好了准备。

江竹筠来到育才学校,这里的师生翘首等待。这个学校一直受到南方局周恩来的重视,给予关怀和扶持。一部分师生已经有计划地分散到不同的地方,有的输送延安,有的组织农村工作团前往达县和大竹等地,在那里扎根,埋下准备武装斗争的种子。留在重庆的,则以各种形式,与敌人展开斗争,秘密出版油印刊物《反击》,编演民间音乐、秧歌剧、杂剧,讽刺、揭露敌人的恶行,鞭挞国民党的反动统治。

廖意林将江竹筠迎进办公室,第一件事就是赞誉这些学生:"这些年纪轻轻的学生,有的曾被特务打成重伤,但大家毫无退却。"

江竹筠从内心感到了学生们的热情洋溢,她到学生中间,与学生深入交谈,与骨干力量详细了解学生组织分布,摸清这一带敌人活动规律,向大家交代行动中注意和防范的事项。她叮咛:"既要开展斗争,又要保证安全;只有完备的安全防备措施,才能更好地发展力量,与敌人针锋相对地战斗。"

从延安派回重庆,一直在陶行知身边负责校党支部工作的廖意林,按照江竹筠传达的市委指示,一起详细研究实施总体方案的步骤,以及斗争策略。而对于细节,江竹筠则不过问,以便校党支部和师生灵活机动,审时度势,发挥主观创造性。

负责监视的学生来报告,街上有特务频繁出没,甚至可以听到窗外间或传来盘查过路人的呵斥声。

廖意林说:"气氛不正常,安排教务处送你去下一个地点。"

江竹筠说:"如果敌人盘问,我就说是来应聘的教职。他们刁难的话,到学校查,有你在,他们也无法找到破绽。"

江竹筠一路疾行,穿过了几个敌人的关卡,来到女师学院。

女师学院由进步人士劳君展任院长。劳君展出生在长沙显赫之家,她本可以作千金小姐、当阔太太,但她蔑视财富和权势,选择了走向新世界的人生道路。五四运动期间创办《女界钟》杂志,加入毛泽东创建的新民学会。1945年,毛泽东赴重庆谈判期间,分别会见了她和其他进步人士,鼓励以"民主科学座谈会"为起点,建立一个永久性政治组织。

劳君展对江竹筠谈心说:"我可以自慰的是,没有辜负自己对中共中央毛泽东主席的承诺。共产党为民,我更要为重庆的解放斗争加把劲。"

江竹筠说:"重庆市委特意要我来联系你。你在,我们的工作会省去好多环节。"

劳君展说:"南方局青委派来一个进步女青年赖松考入女师学院,把她介绍给你,利于你开展工作。"

江竹筠说:"还是我直接和她联系更好,我自己去与她接头,这样对她也是一个考验。"

劳君展很钦佩江竹筠的工作作风,握住江竹筠的手说:"天色晚了,还是在我这里吃过饭再行动吧。"

江竹筠告别说:"你是女师学院的院长,所以,有必要避免与你在一起露面。目前一场回击敌人、反内战、反饥饿、反迫害、反美军暴行的运动即将开始,我必须尽快联系他们。"

江竹筠找到赖松,并没有报说自己已经与院长劳君展见过面,而是说:"刘敏姐姐问候你。"

——这是接头的暗语,一切为了稳妥起见。

赖松端给江竹筠一杯水,手里拿起一本书:"我这里有一本新书,你看过吗?"

江竹筠笑笑说:"没有。"

于是,从见面开始,就一直滔滔不绝地与江竹筠议论新出版的曹未风所译的莎士比亚作品。一个鲍西娅,足以让赖松侃侃而谈了大半天。

江竹筠明白,谈鲍西娅不过是个由头。

"鲍西娅是新女性的代表,善良、机智、沉稳、有胆有识,是个值得敬佩的女性。"江竹筠对着赖松说出了弦外之音。

"江姐,你也读过莎士比亚的作品?"赖松悟出了江竹筠的本意。

江竹筠回答:"跟我谈论莎士比亚的作品,表明你是谨慎的,你一定在担心刘敏是否暴露的问题。我已经了解过刘敏同志,她没有暴露。我来通知你,组织非常关心你的工作。"

赖松跟找到了知音似的:"江姐,外面风声紧,省委、《新华日报》被撤往延安,刘敏同志一时下落不明,为了防止敌人的诡计,所以才与你兜圈子的。"

赖松的表现,让江竹筠感到踏实,感到这位同志是值得依靠和信赖的进步青年,便径直介绍了四川省委、《新华日报》被迫撤往延安后,党组织恢复的情况。

江竹筠说:"局势告诉我们,敌人收起了假民主、假和谈的面目,原形毕露,用刺刀镇压人民。但是,这不过是狗急跳墙而已,暴露了敌人的虚弱本质。我党隐蔽的组织都完整地保存下来,组织关系运转有力。国统区民怨沸腾,国民党已经是四面楚歌,从农村到城市,斗争持续高涨。党中央已经传来迎接革命高潮的指示,要我们做好准备,给人民革命运动以坚强的领导。"

赖松详细汇报了女师学院的斗争经历和组织状况,并说:"工作局面已经打开,但是目前存在着不容忽视的弱点,积极分子缺乏严密的地下核心组织。"

江竹筠对此非常重视,她说:"我们一定要采取措施,尽快弥补不足的地方。以免面临突发状况时机构遭遇破坏,使我们的工作很被动。"

江竹筠稳扎稳打,按照市委要求,吸收了一批合格的优秀同志入党,协助建立起女师学院党支部,举行了入党宣誓,她通知赖松:"上级批准了你的入党请求,你已经是中国共产党的正式党员了。党组织考验你已经很久了,所以不要候补期,由我作为你的入党介绍人。"

赖松兢兢业业，常常和江竹筠谈心，研究工作方法和步骤。江竹筠常以在川大的经验培养她，强调共产党员应是群众的朋友和向导，要起领导作用，又不要出现"我领导你"的派头。工作取得了成功，把荣誉让给同志们，在危险时刻保护好同志们。

1946年立冬的这天，爆发了江竹筠按照地下党重庆市委的指示，组织发动由各个学校学生共计数千人参加的一场与天津、上海、南京、武汉、广州等城市遥相呼应的盛大游行示威。这次学潮，再次震撼了山城重庆。

1947年5月20日，南京爆发了"反饥饿、争生存、爱和平、反内战、反压迫"大游行，遭到了国民党军警的残暴镇压。国民党派出大批军警用水龙头、钉耙、木棍冲击学生游行队伍，毒打学生，当场流血、受伤118人，重伤致死20余人，又非法逮捕请愿学生20余人。同日，天津学生的游行突遭袭击，伤达50余人。

"五二零血案"，同样轰动了重庆，震惊了重庆。大街小巷，民怨沸腾，工厂出现了罢工。

地下党组织，按照周恩来同志为中央起草的策略指示，以血案作为导火索，乘风借势，掀起了轰轰烈烈、席卷山城的反蒋浪潮。

游行、演讲、义卖、义捐、声讨，并且出现了很多"反蒋黑暗统治、反美军野兽暴行"的街头漫画、标语等，躁动的山城，犹如熊熊燃烧的烈火，焦灼了美帝附庸政权蒋家王朝的反动统治……

风暴变奏

消息传到南京，蒋介石大骂张笃伦不为党国分忧，不能遏止舆情混乱之现状。

军人出身的重庆市长张笃伦受责后暴跳如雷，摔碎茶杯，怒斥党国的下属"概是以愚蠢无能之动作""故致劳而无功之后果"。

受到严厉训斥的国民党军警宪特则惊慌失措，集结盲动，胡乱抓人，在全城展开大肆镇压活动。

赖松急匆匆地汇报说："看来又是一场风雨，一场搏斗，军警宪特又要狗急跳墙了。"

江竹筠沉稳地坐守女师支部，分析了敌人的动向，说："通过市府内部传出来的消息，有特务已经怀疑'反蒋反美漫画'与女师有关，虽然尚无证据，但不排除敌人突袭的危险，冲锋在前的同学，要及时转移出去。"

赖松拿出学生名单，放在桌上："这是全部同学的花名册，理清需要很长时间。"

江竹筠说："事关重大，就是不吃饭不睡觉，也要把同学的分类搞清楚，转移工作不能滞后。"

逐一研究谁属于敌人怀疑的对象，谁属于敌人盯住不放的重点，怎样实施转移行动，谁来接替相应的工作。如果敌人下毒手，怎样脱身或者奋起自卫，一一部署妥当，已经是拂晓。赖松考虑江竹筠的安全，提醒说："江姐，这段时间里，你就不必出现在校园了，由我来应对。"

对于敌情的判断非常正确，江竹筠前脚刚走，后面敌人就武装包围了学校，便衣特务、宪兵、警察挥舞着刀枪、警棍，夹杂着一些粗野的叫骂声，气势汹汹地砸开了校门。

赖松挺身而出，怒斥敌人："你们这些所谓党国的军人荷枪实弹，对教书育人的校园之地公开打砸抢，这完全是暴行！请问，学生们何罪之有？"

赖松没有暴露，所以不是黑名单人员，不属于敌人这次抓捕的对象，敌人只是喝令赖松和学生们闪开，以"勿妨公务"相威胁。

赖松有意周旋，给敌人出难题，提出要求："请出示中华民国重庆市教育长官手令，否则，不得蛮横无理，以武装暴力来滋扰学校。"

敌人哼了一声"什么狗屁教育长官手令"，龇牙咧嘴，一窝蜂地扑来。

同学们紧守大门，用鞋子、石头还击敌人，保护同学。

大家高喊口号——

"不许暴徒袭击学校！"

"校园净土不可侵犯!"

"反暴行,反屠杀!"

在怒吼声中,同学们推翻了敌人的吉普车,用人墙阻挡敌人的进逼。

这天是 6 月 1 日,恰在这一天,市区的大街小巷出现了大量传单、标语,这是地下党展开的又一次策应行动。

包围学校的敌人得到命令,向市中心集中。敌人知道局势已经不可收拾,恶狠狠地骂了一声:"见鬼,这些野女娃子吃了什么迷药,跟马蜂窝似的!"随即逮捕了十几个同学,扬长而去。

有的学生讽刺说:"党国的流氓,抓人后到国府去领赏大洋,还是懂得的!"

敌人并不会善罢甘休,用尽各种阴谋。他们下令取缔学生自治会,张贴缉捕告示,制造谣言抹黑学生,制造恐怖气氛。同时,继续向校方施加压力,配合其打压学生。

在全城展开的大搜捕中,军警宪特受到位于重庆老街 34 号西南军政长官公署主任办公室的国民党西南最高长官朱绍良的夸奖。调任重庆后,雄心勃勃,立誓"杀尽共产党",要做"人上人"的行辕二处处长徐远举,更是对下属赞赏有加,特别给每人赏了一碗"狗屎茶"。只是不想这茶还真狗屎,全员拉稀。祸及茶叶店的老板,因此被拉去审讯。不过折腾了半天,最后一无所获,敌特便对茶叶店的老板罚没了 500 大洋了事。

1947 年 6 月 3 日早晨,天空骤然下起了大雨。

一夜未眠的赖松站在屋檐下,望着烟雨朦胧的城郭,心情更加沉重。她非常担心被敌人带走的学生的安危,却苦于还没有想好营救的办法。

江竹筠赶来，一边筹划组织营救行动，一边鼓励说："我们措施严谨周密，领导核心没使敌人发现，这是不小的胜利。只要领导核心在，就能全力营救被捕的同学，勿使敌人伤害一人！"

江竹筠授意赖松，连夜组织起"六一事件"后援会，代替学生会行事，公开宣布罢课、请愿、举行记者招待会，以争取社会力量的共同声援。

记者招待会的请柬发出后，就在6月5日这天——

《重庆商务日报》来了。

《华西日报》来了。

《客观》周刊来了。

会后，很多报刊发表文章，表明了支持学生的态度。连支持国民党打内战的《大公报》重庆版，亦一改往日嘴脸，出人意料地刊发消息。它们虽然各自报道品评的角度不同，但效果显著。逮捕学生的话题，一夜间成了重庆市民关注的焦点、议论的主题。街谈巷议，满城风雨，舆情的威力，群众的力量，迫使被抓捕的13名同学全部释放出狱，营救行动宣告成功。

就在这一天，江竹筠接到了南泉西南学院的党员同志打来的电话。她没来得及休息，立刻冲向了南泉的风口浪尖。

南泉是西南学院的所在地，校长潘大逵和一些教师是民主人士，这里的进步学生占有优势。江竹筠先前就与西南学院的党员学生罗永晖建立了密切联系。

罗永晖是和车耀先一起被杀害于重庆歌乐山松林坡的中共四川省委书记、川康特委书记罗世文的侄儿，生物教授罗世嶷的儿子。

在江竹筠的领导下，建立了罗永晔任支部书记的重庆西南学院党支部，并由罗永晔担任中共四川省委青运组负责沙磁区的联络员。

江竹筠了解过罗世文在川陕根据地工作时，由于对张国焘的错误提出过批评，遭到非法关押。长征途中，在被人监视的情况下，他们同红军战士一道，翻雪山，过草地，经受了最严酷的考验。直到长征胜利，才在中共中央毛泽东主席和周恩来委员的关怀下得到平反昭雪。抗日战争时期，罗世文受党派遣回川。罗永晔受罗世文影响，他对党忠诚，不怕牺牲，而且对敌斗争的经验丰富。

江竹筠一鼓作气，通过罗永晔在西南学院稳妥发展了胡正兴、陈家俊、杨建成等很多党员，在对敌斗争中，与罗永晔形成了一个过硬的战斗集体。

江竹筠心中把革命同志当成党的宝贵财富，她像呵护自己的眼睛一样，尽心尽力地保护着他们。

国民党大逮捕前，江竹筠已经及时向西南学院通报了敌情。但她依然放心不下，紧要关头，再次委派杨蜀翘同志，冒着危险送信，督促相关人员立刻安全撤离。且在临行前，告诉杨蜀翘把要找的同志的姓名、特征、地址、谈话要点熟背于胸，不记文字，并叮嘱如何观察环境，如果联系不上，该如何处理等办法。杨蜀翘圆满完成了交给她的艰巨任务，使西南学院党组织安全无虞。

这次重庆大逮捕，重庆国民党当局根据国民党中央武力镇压学生运动的要求，出动大批军警宪特武装，冲入各高校、报馆、商会等，逮捕师生、新闻界、文化界及工商界人士共约200人。在此镇压过程中，徐远举将已关闭的渣滓洞监狱重新开监，关押被捕者。在国民党当局迫于社会压力同意释放被捕人员后，徐远举仍继续监禁数十名被捕人员，并杀害了其中 5 名被捕人士。

江竹筠对工作认真细致，她布置的撤退行动，为党减轻了不必要的损失。

余波未平，气急败坏的国民党政府撤销了劳君展的院长职务，以消怒气。并派曾任云南省临时参议会参议员、国民参政会参政员的张邦珍，出任学院的院长。

这是很搞笑的一个闹剧。

张邦珍颇为另类，读过北平女子师范，后受军阀头子之馈去法国，遂以"海龟"虚名作幌子，招摇撞骗。此人面目狰狞可恶，思想十分反动，且不学无术。且经了解，曾名义上高调宣扬自己"独身主义"，实为掩盖与军阀头子的混乱关系，是以狐朋狗友之关系上位的女魔头。张邦珍混迹官场的资本，就是善于见风使舵，支持国民党内战，敌视中国共产党。

江竹筠与党支部研究后认为，要赶走这个国民党的爪牙，首先要大张旗鼓揭露张邦珍的老底。

而此人脸皮甚厚，鲜廉寡耻，一身洋装，扭着屁股进了校门。见很多学生在操场上，没有欢迎她的意思，便自作主张地开始了讲话："我是来上任的，我本不想当这个院长的，我还是来了，也算是临危受命嘛！至于私生活那些事，就不要提了，是我的隐私……我跟国府在一条船上，国府是支持我的……"

看到她梳得极为光亮的男式短发，擦得铮亮的中跟皮鞋，烫得笔挺的咖啡色西装，目不斜视，只看天空，讲话高调门，犹如蛙叫一般，顿时笑声一片。

张邦珍气哼哼地要离场。赖松提出要张邦珍公布治校方针，这个要求得到全体师生的一致响应。这让她更加尴尬，难以回应。她只好苦着脸说："还是让我的秘书跟大家谈吧！"

江竹筠了解到张邦珍带来的秘书是个比张邦珍更加反动无耻的家伙，是张邦珍的狗头军师。此人擅长出坏主意，与学运作对。于是打算各个击破，先打击这个秘书，让她成为孤家寡人，间接地削弱张邦珍的威势。

赖松带头，其他学生骨干跟进，频繁"请教"这主仆不懂且无法回答的各种问题，让其大出洋相，有所戒惧，不敢恣意妄为。

江竹筠召集党支部，传达地下党对时局的分析，提出把运动引向深入，同时特派党员杨蜀翘考入女师学院，加强党组织的力量。并针对大逮捕后的形势，提出要学生暂少搞激烈的政治斗争，重心放在关心学生的生活和福利方面，以新的方式与以张邦珍为首的学校当局展开斗争。

赖松拿着学生的饭菜，调侃地说："现在的伙食，只能喝清水白菜汤。还有恼人的'八宝饭'，就是沙子、稗子、糠皮、老鼠屎与大米主食混在一起的特殊食品。奇怪的是吃这种难以下咽的'八宝饭'，居然有人把老胃病给吃好了，你说奇怪不奇怪？也许是我们艰难的岁月感动了上天，要让我们坚强地活下去，为了这个苦难的民族。"

江竹筠循循善诱，支持说："物价飞涨，当局又克扣公费，总务人员监守自盗，贪污浪费，导致我们的学生伙食一团糟。组织起进步同学，对伙食管理的乱象据实揭露，公开曝光，是时候了！"

"以反贪反窃为武器，清除蛀虫。同时，把伙食团的领导权拿过来。"赖松兴奋地说，"只有这样才能改变现状，为同学们谋福利，并赢得同学们的信任。"

党支部委员杨蜀翘被选为伙食团主任委员，江竹筠出谋划策，帮助她先从几个方面入手，建立了伙食团例会制度、学生代表轮换评议制度、伙食状况逐日点评制度，以各种方式疏导相关人员的思想问题，由党员、进步同学分头负责，把控采购关和炊事关，实施食物过称制度、食物质量验收制度、入出库登记制度、双人监督制度的"四检制"。

这些措施率先赢得了炊事员的支持，说："这样做出的饭菜，我们自己也不感到亏心！"

赖松接着认真地解释说："那是！什么时候，只要人心坏了，就会出毛病。国家、学校，都一样！"

简直是立竿见影的好方法，由于发动群众，群策群力，不但吃得较好，月终大家还能享受结余。这样一来，那些保持中间观望态度的同学，看清了共产党人做事的风格，自觉向进步同学靠近。党支部遂号召成立科系联席会，党员甘梅先被选为主席，各系、科、班的主席也由党员和进步学生担当，为后来的学生运动创造了条件。

江竹筠见火候成熟，则转入南泉乡下，支援农村武装斗争的工作。

《挺进报》

山城重庆。

天还没亮,刺耳的警笛划破了夜幕,从窗外呼啸而过,消失在了远方。

江竹筠轻声对彭咏梧说:"国统区的一场特大'地震'发生了,国民党军警宪特紧急出动,已经开始了全城大搜查。"

彭咏梧看看朦胧的窗外,轻蔑地说:"我们的报纸,猛烈撞击了当局。它既是匕首又是炸弹,使军警宪特惶惶不可终日。"

江竹筠嘲讽地一笑:"敌人不过是狗急跳墙罢了,其实,根本没有具体捕捉的目标。"

彭咏梧相信同志们的智慧,这份报纸没有公开出版地址,没有固定发行路径,没有一成不变的踪迹方位,甚至没有准确设定的出现时间,但它确实是无处不在,既神秘又公开。从城区到外围,从秘密活动的共产党人手中到进步群众的视野,乃至国民党军警宪特官员的身边，四处散布传播。

它就是中共地下党重庆市委的机关刊物，赫赫有名的《挺进报》。

第二次国共合作分裂，1947年4月国民党撕毁停战协议，发动内战。中共中央下令南京、上海、重庆的中共代表团机构全部撤离。国民党当局在重庆封闭了公开的四川省委机关，查封了办了8年的《新华日报》，在国统区，几乎听不见共产党的声音了。

为了宣传共产党的声音，《挺进报》就是在这种情况下，应运而生、横空出世的。

江竹筠自豪地说："《挺进报》上面所公布的消息内容，对国统区的地下党和进步群众，是一种极大的激励和鼓舞。这正是重庆国民党势力风声鹤唳、欲速速除之的原因。"

彭咏梧赞同地说："也正是如此，这一地下党的喉舌刊物《挺进报》，时时在敌人的盯梢、侦缉、扼杀中搏击和战斗。"

事实上，江竹筠作为时任重庆市委第一委员、负责组织宣传工作、领导重庆学运和《挺进报》的彭咏梧同志的助手，直接负责《挺进报》的所有工作。

"云儿，赶紧起床吃饭！"早起，江竹筠提前做好了早餐，她要早点喂饱小彭云，今天有重要的事情要做。

彭咏梧抱起彭云："竹筠，你去吃饭吧，我来喂云儿。"

江竹筠说："怎么能行？今天你也要去的。"

彭咏梧笑了："当年大巴山露宿荒山野林，与工人农民同吃同住同劳动，领导工人的罢工斗争，我已经养成吃饭快的习惯！"

安排好小彭云，他们出发了。江竹筠一路想着《挺进报》的事情，她深知自己当前面临的是穷凶极恶的敌人。她犹如手持刀锋的剑侠，时时刻刻处在明暗交错的刀光剑影之中。《挺进报》的工作一刻也不能麻痹大意。

下午，江竹筠和彭咏梧来到了地处打铜街的一幢大厦三楼上，吴子见把他们迎进屋里，赶紧关上门后寒暄："彭委员，竹筠同志，我一直等着你们到来。"

江竹筠凑到他耳边："路上遇上了敌人增加的几道关卡，所以来晚了，先听老彭谈工作。"

吴子见是老彭赏识的宣传干部，他面前的江竹筠同志，毛蓝布旗袍，外面罩一件深红色的薄呢短大衣，是一个普通城市妇女的打扮。她端庄的仪表和眼神里流露出的坚定而充满自信的光芒，显示出她朴实干练的工作作风。他从内心敬佩这位委员夫人。

"出于保密工作的需要，作为重庆地下党重要领导成员，彭委员极少来此参与具体工作。这次来，请对《挺进报》的发展给予指示。"吴子见边说边和彭咏梧进了套间。

吴子见是不久前毕业于上海复旦大学新闻系的新人，是党的宣传工作中发挥着重要作用的人才。由他协助彭咏梧为《挺进报》筹备稿件和资料。

彭咏梧交谈工作后去了沙坪坝。吴子见来到江竹筠面前说："《挺进报》一定按照老彭提出的重点要突出社会关注、突出揭露事实真相，确保工作安全，密切传播解放战争重大消息，以攻心战瓦解敌人，鼓舞群众的办刊方针，一定会做到'一报在手，搅得敌人万般不宁'。"

江竹筠非常关切地说："办报工作会有不少困难，这困难是大家的，你尽管提出来，我们共同来承担。"

吴子见如实说："《挺进报》主要由刘镕铸、蒋一苇、陈然三人共同操办，刘镕铸负责物资采购，蒋一苇负责编辑刻钢板，陈然负责印刷，很多工作必须靠通宵达旦加班来完成。"

江竹筠沉默了一会儿，吩咐说："你负责宣传工作，要给你腾出更多的精力来，所以，你这里以后不要再收听广播了，全部广播稿由我提供。同时，按照市委和老彭的决定，每期报纸除了交给刘国鋕同志一部分外，其余全部交给我来分发。"

吴子见明白江竹筠这样做的目的，一方面减轻了《挺进报》几位同志的负担，一方面更利于《挺进报》的安全隐蔽，便点点头。

"好吧，我准备去陈然那里，你有什么需要交代的事情，我带过去。"江竹筠正要离去，忽然发现吴子见把稿件和资料就放在衣箱里，觉得很不放心。

"子见同志，如此重要的东西，不应该放在容易暴露处！"她甚至有些生气了，便动手帮他清理起来。待仔细整理好，放进隐蔽的地方，叮嘱说："军警宪特们活动频繁，敌人的突然袭击随时可能发生，我们必须时刻警惕着，不给敌人留下任何暴露的危险。"

吴子见诚挚地接受批评："我一定记住！"

江竹筠告诫："《挺进报》一直坚持的约法三章非常好：未经三人同意，不得将办报的事告诉任何人，就算是亲生父母、结发夫妻也不得透露半分。一旦个人被捕，必须坚决否认与报纸的关系；如果敌人拿住真凭实据，个人就承担一切责任，决不牵连同志。个人寄送的读者姓名和地址，彼此也不过问。我们所有的同志都一样，每个环节，务须缜密对待。党的事业，不容许有半点的纰漏。"

与吴子见道别后，江竹筠离开打铜街，她一路加快脚步，来到重庆南岸野猫溪镇上的农具修配厂。这个厂依山而建,陈然就住在工厂高处的楼房里,环境比较僻静,便于秘密印刷报纸。加以这个工厂和当时其他许多工厂一样,处于半闲置状态,这对于地下工作更是一个有利的条件。

向来沉默寡言的陈然,兴奋地拿出刚印刷的新一期《挺进报》给江竹筠看:"从抗战开始,我党就在蒋管区公开发行《新华日报》,它在蒋管区产生了巨大的政治影响,引导千万读者走上了抗日和革命的道路,一直是反动派的眼中钉。而今《挺进报》,还是国统区反动派的眼中钉!"

江竹筠望着散发着油墨气味、字体清秀挺拔、字迹干净清晰的《挺进报》,心中非常满意。她关心地对陈然、蒋一苇说:"你们为《挺进报》呕心沥血,殚精竭虑,不但生活上艰苦,而且也很劳累,每期报纸总要苦战几个通宵。陈然同志在沧白堂事件中,被穷凶极恶的国民党特务打成重伤,送到医院救治,才幸免于难。你们经济上有什么困难,让我来解决。"

陈然身穿一件方格子夹克,看上去很精神。他朗朗一笑说:"艰苦没啥,年轻力壮,挺挺就过去了。工作起来兴奋,所以身体康复很快,请江姐放心!"

看到陈然十分谨慎小心,为了不让人发现,用一层厚纸将板壁缝糊住,还在窗后挂上一床厚毯子,电灯用黑纸罩住。他甚至不用油印机,只把蜡纸的一头钉在板子上,用刮得光溜溜的竹片蘸上油墨在蜡纸上刮印。印完后,将蜡纸一烧,竹片一丢,什么痕迹也没有。

江竹筠心疼地掏出兜里随带的几块银圆说:"小陈,这些留给你们买点零食当夜宵,身体可不能搞垮了。"

陈然拍拍胸脯说:"瞧我这身板,棒棒的。一忙我的肠胃病也跟着痊愈了。"

从此,江竹筠自己担起了校对、整理、传送电讯稿和发行工作,在她的精心帮助下,《挺进报》在几个月的时间,就由开始的几百份扩大到1600多份。

在江竹筠的领导下,《挺进报》密集报道了人民解放军很多令人鼓舞的战绩。反动派叫嚣"陕北共匪业已肃清",《挺进报》则报道我西北野战大军在陕北胜利反击;反动派吹嘘所谓"九月攻势",《挺进报》则报道南线四路大军大反攻的胜利战绩。因此,《挺进报》在群众中成了坚定信心和激发斗志的重要工具,有力打击了国民党反动派的气焰。

《挺进报》以显赫的篇幅刊登毛主席亲自撰写的《目前形势和我们的任务》、党中央公布的《中国土地法大纲》,轰轰烈烈的土地改革运动,冲击了几千年来的封建土地制度,打碎了几千年来套在农民身上的封建枷锁,改变了农村旧有的生产关系。这一翻天覆地的变化,使亿万农民在政治上、经济上获得了解放。土地改革运动为夺取全国胜利,提供了源源不断的人力、物力支持。

同时,《挺进报》还根据市委的指示,发表阐明斗争任务的文章,发动群众斗争,对反动派的黑暗统治进行尖锐的揭露。

而江竹筠亲手组成的秘密发行网,则是保障《挺进报》有效传播的基石。

准备武装暴动

江竹筠与地下党组织的同志接头后,穿过李家铺子和大磨坊之间的小巷,来到大街上。见行人稀寥,她便加快脚步朝蒋一苇居住的老宅走去。

她要去看孩子。带云儿的四娘生病了,云儿暂时转移到蒋一苇、陈曦夫妇家里,平常隔三岔五去一趟,但每次停留的时间很短。最近,市委的一位委员从上海回来,传达了上级指示,要有新的行动安排,所以这段时间她很忙,此次一别,不知又是几天的时间。不过彭云与蒋一苇、陈曦夫妇的小儿子玩得很开心,已经谁也离不开谁了。

今天天色还早,一直飘飘洒洒的小雨也停了。她收起手中的雨伞,想起两个娃娃喜欢吃龙泉驿水蜜桃蜜饯,便改变方向,朝着杂货市场奔去。

"买糖咯,又香又甜的苞谷糖!"江竹筠过了栅栏,卖糖人未见其人,先闻其声。小贩用锤錾互敲,叮叮当当的声音从远处传来。

"大姐,带一包新做的苞谷糖吧!"小贩殷勤地招呼。

"大姐,买裤子吗?"卖粗布衣服的农村老大妈也忙插嘴叫卖。

雨后的杂货市场,人越来越多了,摩肩接踵有男有女,光顾的多是农民。江竹筠买了蜜饯,蹲在出售农家妇女手工缝制的粗布衣衫摊位前。

"给老彭带上几件粗布服装,老彭一定需要的,那里斗争十分紧张,他在山里哪有时间去买衣服……"江竹筠遐想着。

尽管眼下的任务一个接着一个,让她应接不暇,但她还是加紧做好了随同彭咏梧进山的准备,只等出发。

此时斗争形势发生了伟大的转折——

根据党中央和毛主席提出的"打倒蒋介石,解放全中国"指示,川东党组织的工作重点转向农村武装斗争,建立游击队和根据地,并号召人民拿起武器,实行抗丁抗粮,分田废债,穿插敌后发展游击,配合解放军外线作战。

江竹筠的丈夫彭咏梧即将离开重庆,如今已是地下党下川东地委副书记,负责领导下川东一带的农村武装起义斗争。她也已经申请,跟随彭咏梧一同前往下川东。

她详细打听过,那里是怪石嶙峋的山乡,有高耸峭拔的峻岭、烟波浩渺的云海、水天一色的湖泊,还有一次次农民斗争中留下的无处不在的残壁、弹痕……

那里的一草一木,亦山亦林之间,可以亲眼看到人民与敌人英勇斗争的战火硝烟,聆听到勇士们冲锋陷阵的喊杀声。那蜿蜒起伏、地势广阔、一望无垠的丛林,真是打游击的好地方、消灭反动军队的好战场!

彭咏梧跟她介绍说:"按照中央军委和毛泽东主席的战略部署,人民解放军晋冀鲁豫野战军、华东野战军转入外线作战,在长江、淮河、黄河、汉水之间机动歼敌。牵制敌人的陕北一部出击榆林,山东一部于胶东展开攻势。前不久的沙家店战役,是西北野战军继榆林战役之后,在陕西米脂县沙家店地区进行的一次运动歼灭战。战役歼灭国民党军整编第三十六师师部及两个旅6000余人。沙家店战役的胜利,粉碎了敌人对陕北的重点进攻。毛主席说,沙家店这一仗对西北战局有决定意义,最困难时期已经过去了。按照上级的指示,我们要搞大动作,筹备下川东的武装暴动。早有不少经过锻炼的同志,到了万县、开县、梁平、云阳、奉节、巫山、巫溪、达县等地。"

江竹筠听说过,那里有很多曾在云阳领导过武装起义的老同志和从重庆抵达的新同志,不少同志是大学生,在那里深深扎下了根。

老彭已经对下川东的情况胸有成竹,他说过很多次:"去那里的同志们都大变样了,他们不仅脱下了城里人的服装,换上了农民的衣衫,而且,全像农民一样,剃成了光头。他们挑起百十斤的重担,可以像农民兄弟那样,在崇山峻岭间的崎岖小路上行走如飞,来去自如。背着武器翻山攀崖,泅渡涉水,也不在话下。"

江竹筠非常佩服他们,大家白天黑夜和农民朋友吃住、劳动在一起,皮肤晒得黝黑,一个个不是穿着草鞋就是赤脚,手上脚上长满了厚厚的茧巴。精神上那样的乐观,说起话来更加透着豪放爽朗的刚强之气。

奔赴大巴山脉,在那里成立川东临时工作委员会,王璞任书记,彭咏梧为委员兼下川东地委副书记，江竹筠将以地委和临委联络员的身份执行任务……

"筠姐！"忽然，有人在轻轻地喊她。

江竹筠把买好的东西装进随身携带的一个布袋里，抬起头来，一个年轻人已经站在了她的面前："竹安，你怎么在这里？"

谭竹安是彭咏梧的发妻谭政烈的弟弟。

"我在《大公报》谋到了一份工作，参加了中国职业青年社。在观音岩开榨油作坊的云阳老乡，他的儿子也参加了中国职业青年社，我刚刚拜会云阳老乡回来，在路口就看见你了，所以就跟了过来。"

江竹筠拉着竹安的手，出了杂货市场，来到一座牌楼下，急切地问："竹安弟，我写给政烈大姐的信，带到了吗？"

谭竹安有些不好意思地回答："姐，你给我大姐的信带到了。由于不知道来龙去脉，她没有答复我。我给大姐详细介绍了你与彭哥结婚的详细经过，她渐渐就明白了，答应一定会带着炳忠到重庆来。"

江竹筠问："政烈大姐还好吧？"

谭竹安回答："大姐说，不让姐心里过多绞缠和彭哥在一起的事，她明白了个理：你们是应对斗争的需要。在那样凶险的环境里，冒着生命的危险为了救中国，哪里还用不道德的男女欢爱来考虑问题？再个，说到底还是因为烽火连天，通信不灵，搞得以讹传讹有了他们母子已经罹难的消息！看看军阀和国民党反动派到处血淋淋地杀人，多少人活在刀尖上，他们母子也是差点死过一回的人，就盼着你们早点把逼捐逼丁滥杀无辜的蒋介石打垮的那一天早到来，还有什么比这大事重要的呢!"

江竹筠迫不及待地问:"弟弟,快说,大姐和炳忠什么时候动身来重庆?"

谭竹安拉拉江竹筠的手:"姐,你也不要过于着急,大姐现在不犹豫了,说收拾好就动身。我也会抽时间回去接她娘俩的。"

江竹筠含泪说:"你告诉大姐,革命胜利的那一天,我一定会用行动来证明是白色恐怖中革命斗争需要,使得我和梧哥不得不在一起的。到革命胜利的那一天,我一定还她一个完完全全的丈夫,还炳忠一个好父亲,我一定会带着云儿离开,我们两家人当战友,当革命同志相处!"

谭竹安的眼睛湿润了:"姐,你不要想那么多,大姐说'请转告地下党组织,我虽然文化程度不高,但革命道理我懂,我理解老彭,也理解竹筠,我会很快来重庆……'现在你和彭哥的安全最重要……"

那是 1946 年 11 月的一天,重庆国泰电影院门口,彭咏梧与发妻谭政烈的弟弟谭竹安不期而遇,拉着他伤心地诉说妻子谭政烈与儿子炳忠罹难的噩耗,竹安惊讶地告诉彭咏梧,那是一场意外,大姐和炳忠已经奇迹般地脱险了。不过是由于到处闹匪患又打仗,居无定所才一直失去了联系。并说自己来重庆已经 5 年了,一直都在找彭咏梧,大姐一直担心着他在斗争中的安危。

彭咏梧把经过告诉了江竹筠,江竹筠听后又惊又喜。喜的是政烈大姐奇迹般还活着,惊的是自己因为讹传的消息,已经与彭咏梧结婚。她一夜未眠,翻来覆去,最后拿定主意,既然自己已经准备好了为革命献出一切,哪怕牺牲生命都在所不惜,还有什么理由顾忌个人的舍与得呢？不能让大姐受苦受难还伤心，解放了，自己务须处理好梧哥与谭政烈大姐的问题。

"现在还不是想这些事情的时候！但是，总有一天自己作为一个真正的革命者，会以无私的高尚和纯洁，让满脑袋鸡零狗碎和充满私欲与肉欲的阶级敌人，于不解中感到卑污与汗颜……"

江竹筠为自己的纯稚暗自笑了笑。是啊，现在斗争这样惨烈，环境这样残酷，随时都有准备牺牲的可能，哪还有时间来考虑个人的生活安排呢……

告别了谭竹安，她赶到蒋一苇的家中抱着彭云玩耍了一会儿，依依不舍地离开了。她要立即移交完毕重庆的一切工作，准备奔赴新的战场。

江竹筠逐一去了几个联络点，一一告别后，与接替她领导女师斗争的钱云先来到黄桷坪。女师学院的赖松、杨蜀翘早已在一幢空弃的厂房内等候他们。

江竹筠传达了目前的形势，一一交接了工作，然后满怀激情地告诉大家："党在农村开展武装斗争的大潮已经来临，我接受了新的任务，要和大家分别一段时间。以后我们要在不同的岗位上战斗了，希望我们能在胜利重逢的那一天，同庆新中国的诞生。"

奔赴巴山

江竹筠深入到下川东农村，武装暴动所面临的环境是艰险的，小彭云只能留在重庆，托付给地下党组织的王珍如同志。江竹筠通过地下党组织，已经事先安排王珍如到了北碚天府小学任教。

在江竹筠的心里，王珍如是一位胆大心细、热情豪放的革命姐妹，是值得信赖的战友。

王珍如不知道详情，也不知道江竹筠为何这样着急。江竹筠拉住她的手说："我和老彭要到农村去，短时间不可能回重庆。大山密林，小彭云在身边也多有不便，只有交给你了。"

彭咏梧站在江竹筠的身后，表情庄重地向她深深地点了点头。

王珍如感到身上肩负的重担胜似千斤，同时又感觉她们好像要去特别危险的地方。

江竹筠深情地说："珍姐，让你吃苦了！彭云在你身边，以后你就把彭云当成你的儿子，你对他是有养育之恩的。"

王珍如是个大姑娘，还没有结婚，见江竹筠如此重情地嘱托，知道非同寻常，不由心里蓦地涌起一种异样的感觉，风萧萧兮易水寒，壮士一去兮不复还吗？不会吧？一定不会！

"江竹！"王珍如自己也不明白为什么忽然这样地称呼她，这是童年在一起上学读书时，何理立对朋友江竹筠使用的昵称，"怎么了江竹，我们不仅是朋友，我们更是同志、革命同志，这不仅是你个人的托付，也是党的重托！"

江竹筠握住了她的手，彭咏梧也伸出了自己的手，与王珍如紧紧地握在了一起。

"你就放心去吧！孩子是你的，也是我的，更是党的孩子！"王珍如表情凝重地望着江竹筠和彭咏梧夫妇，竟不知自己为什么，心底漾出一丝甘甜的哽咽。

"我们都要坚强，为了明天！"江竹筠特意送给这位勇敢的"临时妈妈"一个蔚然的笑。

王珍如感动于这份令她刻骨铭心的信任。她要马上把云儿带走，她感觉得出，多耽搁一会，就会给江竹筠增加一份不舍之情。必须带着云儿告别他的父母，走进生活的风雨，为了迎接阳光。

为云儿穿好大衣，戴好帽子，江竹筠仔细地望着小彭云高兴的模样，彭咏梧轻轻地提醒："不是说好，去照相馆照张合影吗？"

江竹筠、彭咏梧、小彭云，去照相馆拍摄了一张具有特殊意义的全家福。回来后，彭咏梧把取照片的号码告诉了王珍如，然后，夫妇俩一起把王珍如"母子"送上开往郊区的公共汽车。

车子启动了，朝着另一个方向，渐渐消失在视野里……

江竹筠默然转身，准备投入新的战斗。她理一把被风吹动的短发，跟在彭咏梧的后面，迈着坚定的步伐，她的心绪已经飞向了远山，飞向了战友们身边。她知道，大巴山的战斗在召唤自己！

江竹筠随同彭咏梧启程了。一路晓行夜宿，沿途看到的一幕幕，尽是饥民瑟缩、挨户乞讨的情景，令她感慨万端。

负责宣传工作的吴子见见她心情沉重，问她："竹筠姐，你在想什么？"

江竹筠欣然一笑，竟一时不知如何回答，此刻，她思绪万千……

走向新的斗争天地的她，是一滴水，滋润在大山里，一定让大山深处，滋长出革命的果实。她是一粒火种，虽然渺小，但是，就像毛泽东主席说的，星星之火，可以燎原。

进入下川东偏僻的农村后，当地很多同志热情迎接他们的到来。有的向老彭汇报暴动准备的进展情况，有的找江竹筠讲说斗地主恶霸、虎口夺粮的经过，斗争开展很顺利。

云阳、奉节、巫山、巫溪四县，被选为下川东暴动的重点。它们位于川陕鄂三省交界，横跨夔门巫峡和大巴山东南段，山高路险，是打游击的用武之地。川东临委领导的暴动，已经形成五个暴动区域：云阳北岸、云奉南岸、开县、两巫、奉节北岸。彭咏梧行动迅速，很快组织群众收缴了大地主武装和土匪的枪支，会集和壮大了武装力量。

如今的下川东，已经群情振奋，箭在弦上。

彭咏梧说得最多的话是："农村如干柴，星火即燎原。民愤已填膺，举义成千军。"

临委和下川东地工委已经同意彭咏梧筹备的发动大规模暴动计

划,首先在云奉、两巫展开,其余三地相继响应。

由彭咏梧直接指挥暴动,他在万县稍事停留后,随即赴云阳去了。

江竹筠担任联络工作,她沿途细心设点布线,先在民生轮船公司的一艘轮船上安排了可靠的同志,协助山城与万县之间的运输;又在万县和成银行、云阳城内、云安盐场布置了地下党同志,作为她在云万两县的交通站。

回到云安镇榨房沟住处,奔波了一天的江竹筠站到墙外,还没顾上喝一口水。

她忽然想起了尚未安排齐全的事情,等上来的人喊她吃饭时,她已经消失得无影无踪了。

她早就谋划周全,只是忙的事情多,一时没有顾得上。需要为过往的同志安排好便于掩护的茶馆旅社,而这些地方的安全性,无疑是重中之重。她要对老板和服务人员的历史状况、社会关系和现实表现、思想倾向,逐一核查。

她仔细认真地考察后,将既定的云阳右耳客之家,因与黑社会袍哥有某种瓜葛,重新选择了长发栈;巫溪巴楼店家属于国民党宪警官员的远房亲戚所开设,马上变换为四和客店;万县南北大店同样存有隐患,遂改在了滴成茶社……

江竹筠回来后,在参加炉塘坪暴动会议期间,见到了汤溪工委书记、川东游击纵队巴北支队政委李汝为。他们早就相识,李汝为系重庆市江北县人,人虽年轻,已是中国共产党老党员,1945年2月,来下川东开展农村工作。曾经留给江竹筠的第一印象是一个衣冠整洁的白面书生、青年才俊。可现在由于处在农村环境下长期的野外斗争生活，风餐露宿，患染的肺结核正在加重，肠胃功能失调，一副大大的圆形镜片的细边眼镜架在鼻梁上，更加衬托出面颊的清瘦。

江竹筠一直挂在心间，她在联络工作的路上特意绕道几十里路，为李汝为搞到几斤藕粉和一包中药丸子。

李汝为感激地说："你跟我们一样艰辛劳顿，风行雨往，更是居无定所，自己路上饿肚子，还送给我！"

在李汝为的眼里，面前的江竹筠满脸风霜，那炯炯有神的目光，也无法掩饰她长期奔波的疲惫。她瘦多了。

江竹筠关切地说："我已经完全适应了跑跑颠颠的斗争生活，而且我有先天的优势，肠胃好，用老乡们的话说，吃碌碡化石头。走到哪里啃一口干粮，喝几口河水，都过得去！"

江竹筠再三叮嘱李汝为："这些中药丸是一个老郎中炮制的，管用！武装暴动即将开始大行动，你的身体一定要保证。关心你就是关心革命，没有什么好推辞的。"

李汝为心中一热，大声地说："江竹筠同志，我收下了，战场上见！"

江竹筠对新来的同志，同样格外地关护。放哨的队员小刘，是给地主放羊丢失了羊羔被毒打后逃出来的穷娃子。有一天，他气喘吁吁地狂奔到山上，投向了武装暴动的队伍。江竹筠找来一点烧酒，用棉花蘸着，细心地擦拭着他身上的伤口。

小刘坚强地说："姐，你不要擦了，酒可惜了的！"

江竹筠心疼地问："傻孩子，伤口不疼吗？"

小刘咬着牙回答："我不怕疼，挨打习惯了，伤口抹把土就是了。"

江竹筠边包扎边问："经常挨打是吗？"

小刘说:"不光挨打,还不让吃饱饭,地主都是毒肠子。东家生气时,就得逼着你饿一顿肚子,才能熬过去。"

江竹筠打心眼里可怜这个穷苦后生,每次见面的时候,宁可自己耽搁吃饭,也要先替换他从哨位下来吃饭。一次从巫溪刚回来,由于赶路,已经饿过了两餐,但还是坚持把放哨的小刘同志换下来。江竹筠说:"岗哨上的同志最重要,只有吃饱喝足保持精力充沛,才能聚精会神地死死盯住有没有敌人出现,保障大家的安全。"

江竹筠精细、周到、干练的工作作风,与彭咏梧的粗犷、豪放、不羁小节,形成鲜明对照和恰好互补。中共川东临委书记王璞见面时说:"竹筠同志,你和老彭真是相得益彰、风雨同舟的战友!"

江竹筠随同彭咏梧来到奉节青莲乡,将青莲中学设为党的临时指挥所,运筹奇袭巫溪盐场和云安盐场,开展大规模暴动的斗争。

见到江竹筠没黑没白地走家串户,活动在土生土长的山里人中间,不但布置工作,还跟一家人一样帮着做活。农民老伯情不自禁地说:"江同志就跟我们老百姓的亲女儿没啥区别!"

江竹筠回答说:"谁家养了几只鸭鹅,谁家养了狗,夜间秘密行动时会不会惊动它们暴露目标,谁家的老人需要藏匿起来,防止敌人报复,这些事情,不但都要一一给乡亲们交代清楚,还要尽量帮助做好,万万不可出现纰漏才是。"

大家都说:"江同志,你这样操心,让我们实在过意不去。"

江竹筠说:"乡亲们齐心协力,共同战斗,迎接新世界来临。我们盼的就是有那么一天,咱们不再遭国民党强盗的屠杀掠夺,老百姓不再受地主资本家的压榨,不再让富人把百姓当奴隶。为了好日子早一天到来,再苦再累心也甘!"

江竹筠赶到指挥所，得知武装起义斗争形势发展迅速，上级党组织已经派遣了许多同志到达这里，但人员与斗争的需求相比依然不足，远不能适应即将面临的各种复杂局面，需要江竹筠火速赶回重庆，向地下党川东临委反映意见：尽快输送一批干部到下川东农村地区。

肩负重托

1948年1月,猎猎朔风,扫荡着巴蜀大地,卷起江竹筠的衣角。

江竹筠没有感觉到逼人的寒冷,全神贯注地观察着周围的环境。有着丰富斗争经验的她,敏锐地意识到,沿路设卡盘查的敌人增多,活动异常频繁。

她警觉起来。

她从云阳北岸码头改乘舟船抵达云阳,然后弃舟登陆,向市区谨慎靠近。

走过城郊接合部那座熟悉的小石桥,陡然发现头戴礼帽和鸭舌帽、鼻梁上架着墨镜、贼眉鼠眼的人,时不时地出现在她身边。

江竹筠没有贸然去接头,直至天色渐暗,她才敲响了十八梯下面的一幢普通民房的门环。

迎接她的是表妹杨蜀翘的同学邱文珍。

"江姐,你回来,还要走吗?"见面后,邱文珍出于关心,一边做饭,一边迫不及待地询问她出行的情况。端上饭菜的时候,对她述说了重庆大学女学生叶孟军突然失踪、地下党员宋廉嗣被捕,演变为轰动重庆的"叶宋失踪事件",爆发了新一轮学潮,于是敌人加紧了活动的局势。

江竹筠告诉邱文珍,此次回重庆,只能停留很短的时间,她还要返回下川东。

一夜促膝长谈,第二天,江竹筠因为有紧急任务,便换上邱文珍的一套长袍衣服,匆匆吃了几口早饭,离开了邱家小院。

江竹筠按照既定的联络方式,找到了临委书记王璞和临委副书记兼下川东地工委书记涂孝文,紧急汇报了下川东斗争形式迅速发展情况。并按临委指示,江竹筠火速奔向指定的另一个地点,与新的重庆市委副书记兼组织部长冉益智取得联系,向他报告了临委的决定,妥筹一批可靠精干的年轻干部随她赴大巴山开展武装斗争。

冉益智西服革履,一副体面的派头。对江竹筠潜回重庆,他很是感到突然。寒暄之后,他的话题都是围绕着下川东的生活环境,吃住方面的条件。他反反复复询问的,都是吃的好不好,住的好不好这些话题。

冉益智对于调用干部去下川东搞武装斗争,口头答应的极其爽快,表示要多少人就送多少人,且由江竹筠点将。这让江竹筠心里有些不踏实,她对这位新上任的市委领导的行事作风是比较了解的,漂浮而不扎实,浮躁而图虚名。对于调派干部这种艰辛的工作,他怎么会认真呢?尽管预料到这一点,江竹筠还是满怀希望地等待着消息。

然而,直到江竹筠离开重庆,冉益智也并未兑现诺言。最终只落实下来4名同志而已。

江竹筠还有一件事情要办，她请沙磁区学运特支书记刘国鋕同志帮助筹措了一些给养和药物。刘国鋕听说打仗紧急需要药品，他雷厉风行，毫不犹豫地按照江竹筠提供的碘酒、纱布、绷带、感冒腹泻之类的药品清单，一样不缺地准备齐全，由她准时带走。

办完了大事，江竹筠来到枣子岚垭，找到了办《挺进报》的蒋一苇、陈曦夫妇，讲述了下川东武装斗争的形势，并转达了同志们带来的问候。提到江竹筠的儿子小彭云在王珍如那里时，蒋一苇殷切地嘱咐："王珍如未结婚带着孩子，引起了学校的怀疑。把云儿接我这儿来吧！放我这儿你我都放心些，这样照应起来也方便得多。"

陈曦拉着江竹筠的手，极其赞同："竹筠你看，我们有两个孩子，再增加了一个小孩也不显眼，我妈又在这儿，赶紧把云儿送过来吧，要不我们自己去接也行，由你做决定！"

江竹筠知道，这是同志们为她分担困难，哪怕是自己吃苦，也在所不辞。她答应了。来到白庙子分校，当见面跟王珍如商量时，王珍如却泪水涟涟，依依不舍，哭成了个泪人儿。

江竹筠说出了实情："珍姐，知道你舍不得云儿，可是我和老彭是去川东打游击的，学校这里一旦走漏消息，敌人就会对留在城里的亲属子女下毒手，你的工作也会面临不测。再说，虽然云儿也舍不得你，可是你是个姑娘，已经让人怀疑了，党也需要你暂时留在这个岗位上呀！"

总算说服了王珍如，江竹筠带着彭云，趁着夜幕降临，悄无声息地回到了市区。她已经按捺不住，安排好儿子，决定尽快赶回奉节县青莲乡，亲自参加川东游击纵队的战斗。

临出发前，江竹筠设法把从重庆市委冉益智那儿争取、选调来的4名青年干部，集中到一起，进行了周密安排，并决定于第二天清晨，在朝天门码头登船。

由于风大，当晚船靠万县码头住宿，次日船抵云阳码头。下船后，几个人陆陆续续地跟随江竹筠住进了提前已经安排好的长发栈房。

在长发栈房，大家都按照原定的纪律，相互装作不认识，又不能轻易离开。江竹筠尤其焦急，要等待奉大巫支队那边举行暴动的消息，然后方可决定带领同志们通过云安路线去青莲乡，还是去董家坝等待彭咏梧派人来接。

邹开连同志带来了消息：云奉巫边境地区的暴动安排就绪，鉴于卢光特、王庸已经在巫溪大宁盐场税警中队做好了里应外合的准备，彭咏梧命令相继行动，一面派人通知赵唯、李汝为率领的巴北支队准备起义攻打云阳的云安盐场；一面派奉大巫支队中队长谢国茂带队员侦察交通要道上的云阳商业重镇南溪的敌情；同时，指派卢光特、王庸带着30多个船工、煤工组成的起义队伍，从青莲乡向巫溪大宁盐场秘密进发，计划在这三个地方同时按期起义。但是，情况突变，彭咏梧得到急报，大宁盐场税警中队参加起义的风声走漏了，敌人正在加强戒备，同时，云安盐场的敌人也已经警觉起来！

彭咏梧大吃一惊，倘若税警中队被敌人封杀，起义武装力量就会被严重削弱，而敌人出动兵力围剿，整个暴动就会夭折。彭咏梧与纵队参谋长、奉大巫工委书记和支队司令员紧急商量后决定：提前起义！

由卢光特、王庸带领游击队员，袭击巫溪西宁乡公所，将大量铜元、杂货、粮食发给穷人。谢国茂、宋海清率战士，奇袭云阳南溪镇，击溃保安分队，击毙原乡长，俘虏新任乡长、保安分队长，并打开粮仓，放粮济贫。游击队在铜钱垭会合休整，忽得密报：奉节县保安中队长周志武、副中队长余志带100多人到铜钱垭清剿。游击队决定伏击。待保安队进入伏击圈，游击队从四面一齐开火，敌人猝不及防，纷纷逃命。不到10分钟的战斗，俘敌副中队长。

三次袭击后，国民党政府调集正规军和保安团进行疯狂围剿……

情况紧急，为了跟随的几位同志安全，此地不宜久留！江竹筠带领4人沿江而下，至龙洞乡住宿一晚，然后带着随身物品，落脚于彭咏梧的外婆家中。外婆家是个贫寒的农家，只有几间茅屋，单门独院，适合隐蔽，可以在此等候老彭的消息。

几天后，奉大巫工委副书记卢光特从山上下来了，随即汤溪特支的委员刘德彬也来了，带来了半是胜利的喜讯，半是战斗中受阻的消息。江竹筠冷静地问："老彭如何？"

卢光特心情忐忑地说："他们的枪支弹药很有限，敌人纠集了很多人马，疯狂反扑，见人就杀，有的传说彭政委已经遇难了。"

这时，有几个农民蹲在地坝议论，江竹筠凑到窗前，听到一个长脸的年轻人说："共产党打南溪了，带头的还是个有钱人，叫赵唯！"

另一个络腮胡子老汉搭话："狗屁，你见有钱人哪个不是榨百姓的血！听说专员到了云阳，县太爷到了南溪督战，有钱人都怕共产党。"

有一个大妈帮腔："也有极少的有钱人跟共产党走，那是人家积德了！"

江竹筠又一次在远离暴动中心的地方，听到老百姓的期望。她叫带过来的干部杨小妹："听！这就是人心，老百姓心中向着共产党。"

傍黑，吴子见来了。他证实了彭咏梧带领游击队 200 多人齐集青莲乡老寨子，面对敌人大军压境，彭咏梧决定将支队编为两个大队，分别转移。一大队由彭咏梧、蒋仁凤、王庸领导，转移到巫溪一带伺机行动；卢光特、吴子见、吴伦碧、宋海清率领二大队向云阳龙坝转移，与巴北支队会合。一大队转移到鞍子山暗洞包，被敌正规军 581 团包围，突围中彭咏梧等 6 人为掩护队员英勇献身的消息。

不仅如此，敌人还残忍地砍下彭咏梧和其他两位烈士的头颅，挑到五六十里外的奉节竹园坪场镇，悬挂到竹园坪小学操场边的杨槐树上，随后又挂到中拱桥的卡门上。鲜血淋漓的人头装在竹笼里，下面的城墙上赫然贴着大布告："匪首彭咏梧……"

老彭牺牲了，犹如晴天霹雳！

江竹筠极力镇定自己，忍住就要夺眶而出的眼泪，告诉同志们："我们不需要泪水，共产党人流血不流泪！什么'奸区''共匪'，什么'赤党''共妻'，一切污蔑和谩骂，都是国民党反动分子喷出来的脏话。不但今天，将来革命胜利了以后，反动分子，依然不会停止暗中或者公开抹黑领导穷人闹革命的共产党人，这是不容置疑的！要斗争就会有牺牲，从参加共产党跟着干革命的那天起，大家就都做好了随时牺牲自己生命的准备。毛泽东主席在《论联合政府》中说，成千成万的先烈，为着人民的利益，在我们的前头英勇地牺牲了，让我们高举起他们的旗帜，踏着他们的血迹前进吧！"

大家一齐回答："毛主席说得好！成千成万的先烈，为着人民的利益，在我们的前头英勇地牺牲了，让我们高举起他们的旗帜，踏着他们的血迹前进吧！"

这是钢铁誓言，这是无数共产党人的心声！

同志们擦干眼泪，经过磋商，形成了相同的意见，江竹筠说："我们要赶紧转移，选调来的几位男同志随吴子见去南岸，南岸工委需要人，而且易于掩护。卢光特同我一起去向临委汇报情况，听取指示。杨小妹是女孩，暂时不宜去南岸，随我们一起回重庆。刘德彬由卢光特来安排。"

安排完毕，稍作休息，已经是天色微明。

临行前，江竹筠举起拳头，对吴子见说："请转告同志们，我很快就会回来，不会离开下川东的。你们在南岸要注意隐蔽，谨慎扎实开展工作，发动群众，组织群众，等待临委指示，转向新的斗争。"

踏着血迹前进

党在下川东组织领导武装斗争暂时失利，游击纵队政委彭咏梧牺牲，江竹筠在巨大的悲痛中返回重庆。一路上，她的脑海里不停地浮现出一幕幕发生过的情景：一会儿是暴动中冲锋陷阵英勇作战的队伍，一会儿是冒死突围的老彭，一会儿是敌人的追捕和不少游击队员的家被抄、被烧，家属被抓、被杀，敌人疯狂作恶……

这些血与泪的场面，交织在一起，带着生命色感，带着鲜活的气息，不停地，反复地，跳跃着，旋转着。那样的悲壮，惊天地，泣鬼神。

江竹筠环视了一下周围，客船上挤满了人，很多是外地来的逃难群众，也有做买卖的生意人。船舱内抽旱烟的旅客很多，每个角落都弥漫着那种从烟锅里哔哔燃烧后喷出的呛人烟味。有的或蹲或坐，有的说着悄悄话。江竹筠身边的吴子见一副昏昏欲睡的样子，连日的奔波，他已经太累了。

一阵凉气袭来，江竹筠不由打了一个寒战。

江竹筠赶回重庆，立即找到川东临委负责人，详尽汇报了下川东武装起义后，战斗的进展情况和彭咏梧牺牲的经过。同时，坦陈了自己的意见。

根据自己对下川东一带开展武装暴动的调查了解，江竹筠提请党组织研究，当务之急是：第一，开展农村武装斗争的同时，要注重打击伪装进步、暗中与反动派沆瀣一气的地主恶霸势力，以及残余的敌伪坏蛋，谨防其伺机行动，通风报信出卖革命力量，给党造成巨大损失。第二，地主恶霸、保安团和国民党反动军队密切勾结的区域，应扬长避短，避强打弱，实行"工作重心放在乡下，以乡村包围县镇"的决策。逐步壮大力量，时机成熟后给敌人致命一击。第三，已经实行地主减租减息和没收地主土地，废除封建剥削的土地制度，实行耕者有其田的土地制度的地方，地主恶霸势力不甘心被清算，他们时刻梦想复辟失去的天堂，因此对共产党和人民怀有刻骨仇恨，我党须警惕地主与还乡团勾结、配合蒋介石反动武装，妄图扑灭武装斗争的烈火。

江竹筠向市委请示说："老彭牺牲了，下川东的情况我最熟悉，我和那里的同志已经建立了不可分割的关系，我请求到老彭倒下的地方，与同志们继续战斗！"

对于彭咏梧同志的牺牲，临委的同志非常悲痛，一致表示彭咏梧和牺牲的所有同志的血不会白流，将以新的战斗策略与敌人斗争，更加有效地配合外线部队消灭蒋介石国民党反动政权的战斗。尽管组织一再要求江竹筠留在重庆，照顾好年幼的孩子，但她决心已定，临委只好尊重她的意见，决定派她再赴云阳。

江竹筠赶到蒋一苇、陈曦家中看望了云儿，便匆匆告别了枣子岚垭。

1948年2月的一天，江竹筠离开重庆，乘船抵达万县。

一到万县，江竹筠就得知汤溪工委、巴北支队举行暴动，工委书记兼支队政委李汝为在龙坝乡英勇就义的消息。游击支队的武装力量在赵唯同志带领下，已经化整为零潜伏斗争，江竹筠暂时不宜再去汤溪河畔了。临委和地工委考虑后，派她和卢光特一起经宜昌奔赴大别山解放区，引一支部队进入两巫。这要等卢光特完成当前的任务后，才能成行。

江竹筠在万县等待卢光特到来。

下川东地下党组织送来了彭咏梧牺牲后留下的血衣，还有一本书——曾任欧美几家报社驻华记者、通讯员埃德加·斯诺英文版的《红星照耀中国》。斯诺作为一名西方新闻记者，同毛泽东、周恩来等进行了多次长时间的谈话，搜集了二万五千里长征第一手资料，并实地考察，深入红军战士和老百姓当中，对苏区军民生活、地方政治改革、民情风俗习惯等作了广泛深入的调查，在书中对中国共产党和中国革命作了客观评价，并向全世界作了公正报道。

江竹筠非常珍惜地收藏起遗物，心中暗暗发誓："放心吧，牺牲的所有同志们，我会与敌人战斗到底的！"

很快又传来消息：奉大巫支队的部分同志转移时，遭到三次伏击，有的为掩护队员而壮烈牺牲，另有6名同志被捕后惨遭杀害。返回青莲、桑坪后的同志，被乡长张载坤勾结刘氏族长刘占东、保长刘岗等诱捕后杀害。吴子见、杨建成他们在南岸拉起小型武装后，敌情空前紧张，反革命势力开始了疯狂的清剿。

情况已经表明,江竹筠去大别山解放区迎接解放军部队,或者下农村搞武装斗争的计划,在短期内已经无法成行。

随即,下川东地委根据川东临委的指示,召开紧急会议,研究制定了近期"隐蔽身份,观察分析,逐步了解,恢复运转"的工作方针。会后,江竹筠通过川大的同学,在万县地方法院找到了一份工作。作为下川东地委委员的江竹筠,要在万县开展工作,并且在了解前一个时期武装起义的基础上,总结经验教训。

地下党县委书记雷震,是万县地方法院统计室主任,江竹筠和他都住在两层桥宿舍,既是同事又是邻居。江竹筠到地方法院后,又立即与检察官龚云奎等组成伙食团。这样既利于隐蔽身份,又方便开展斗争。通过各种方式,熟悉了解周边的斗争环境,分析判断敌人或明或暗的控制范围,以及特务的主要监视目标。与此同时,逐步试探性地开展地下联系,恢复联系方式。

卢光特突然从重庆来到万县,显得十分着急。他此时是重庆市委负责人刘国定、冉益智与川东临委及临委副书记涂孝文之间的联络员。市委书记刘国定、副书记冉益智失踪,不知发生了什么事情。他估计问题非常严重,决定赶紧向涂孝文汇报情况,但不知道其住址,便找江竹筠来了。

送走了卢光特,江竹筠沉思起来。刘国定、冉益智这些市委主要领导的失踪,让江竹筠深感不安。

这段日子里,许多曾经失去了联系的同志,重新回到了党的地下组织,许多以为已经遭到不幸的同志还都在,他们也在万分焦急地寻找组织。他们和江竹筠都有一个共同的想法,那就是一定要从挫折中找到教训,遵循毛泽东主席对革命工作的提醒:"如果不把党的历史搞清楚,不把党在历史上所走的路搞清楚,便不能把事情办得更好。"

江竹筠和下川东各地同志的联系,终于逐渐地恢复了;同化整为零,又逐渐变零为整的,已在山上建立根据地的游击队也联系上了。牺牲的同志用生命和鲜血保留下来的这支革命力量,正在积蓄力量,随时准备战斗。

但是,江竹筠惦记着卢光特,她一直渴望卢光特来找她,她希望通过卢光特在一定范围内了解一点重庆方面的情况。这种愿望越来越强烈,因为她听到了一些不祥的消息:在万县西山公园里,卢光特两次向涂孝文转达临委意见,要他警惕重庆方面已经出现了叛徒,并提醒他撤离万县。可涂孝文却以重庆那边没有哪个晓得他的具体地址为借口来敷衍、拖延,拒绝撤离。

这让江竹筠很吃惊,她觉察形势已经严重恶化了。没有特别的大事,她不再去辅成法学院主动找涂孝文,只是内心里隐隐约约感到一丝不安。

叛徒出卖

重庆的确出了叛徒，而且叛变的有大叛徒！

川东临委委员兼重庆市委书记刘国定叛变了、重庆市委副书记冉益智叛变了……

此时，叛徒冉益智已经完全堕落成了国民党特务机关的一条恶犬。他很风光，混迹在中统、军统与地痞流氓中。

他以为曾经掌握着中共地下党的大量机密，已经拥有了向国民党罪恶政权疯狂出卖和抓捕共产党员革命者，换取加官晋爵、横发大财的叛变资本。

从狗洞子里爬出来，做着升官发财美梦的冉益智，带着特务机构的一个特别行动组，正秘密扑向万县。

特务搜捕的直接目标就是下川东地委委员江竹筠、地下党万县县委书记雷震等一批党的骨干分子，并试图通过江竹筠找到游击队武装，挖出更多的地下党同志。

忙于在万县开展活动，集聚革命力量，展开地下斗争的江竹筠，哪里会想得到，地下党重庆市委遭到国民党特务严重破坏后，在敌人面前表现出的意志薄弱者，竟然是惯于慷慨陈词、满嘴豪言壮语的高级领导。也许他们"参加革命"，本就没准备为党和人民付出什么，而是人生道路上的政治投机罢了，他们那些故作姿态的自我表现，都是对人民"作秀"。这些嘴巴上一套，做事则另外一套的政治商贾，关键时刻，露出了真实面目。

拿着从国民党秘密的西南特务最高机关西南特区区长、公开的西南长官公署二处处长徐远举那里获得的巨额奖赏，从灵魂到肉体完全堕落和彻底糜烂了的冉益智，以为这是一次用出卖党和人民来换取荣华富贵的最佳机遇，得意忘形地对特务献计说："捉蛇打七寸，先抓地工委书记涂孝文、地工委委员江竹筠，这样整个下川东从农村到万县的人，一个也逃不出手心！"

由于冉益智的出卖，涂孝文被捕后，同样撕去了伪装，哪里还有一点共产党员的气概，脑子中翻腾的是"活命哲学"。他立即开口，出卖了地委、县委负责人和万县地下党的同志。

由于他并不知道下川东游击队的情况，无法提供更有价值的情报，对此，特务极不满足，让他继续交代。他怕说不清楚，影响特务对自己的信任，干脆一抹脸，赤裸裸地露出无耻的嘴脸说："了解这方面的情况，只有彭咏梧的老婆江竹筠。如果不信，可以问冉益智！"

他们甚至密谋过由刘国定做局，设计经党组织批准，"假自首"出狱的假象，以蒙骗党和人民，从长计议为变节者们蒙混过关制造便利。只是奈何徐远举并没看上这种无耻的把戏才罢手。

对敌情已经有所耳闻的江竹筠，此时完全有机会脱离险境的。然而，此刻江竹筠想到的根本不是个人的安危和生死，她心中惦记的只有党的事业。她只有一个念头，哪怕流尽最后一滴血，也不能再让更多的同志遭遇不幸，不能让党遭遇更多损失了！

1948年6月14日，江竹筠义无反顾地回到万县地方法院。在这里得知了约定商议工作的县委书记雷震已经突然不知去向的消息后，她依然临危不惧，逐项处理了会引起其他同志暴露的机密事宜，并为同志们设置了转移脱险的告警信号，经过检查确信没有任何疏漏和疑点，才提起自己的布包，准备离开。

"江竹筠！"突然听到有人喊她。这声音太熟悉了，冉益智！

他在这个时候出现，江竹筠立刻警觉起来，问道："你怎么来了？"

冉益智支支吾吾："老……老王让我来找你……"

江竹筠不再理睬他，赶紧往前走去，她想寻找机会摆脱这个一定是出卖了同志的叛徒、变节分子！因为按照保密规定，王璞不可能让他在这个时候来直接找自己，而且已经发现他的身后跟随着几个面目狰狞的特务。

为了邀功而迫不及待的冉益智，立刻原形毕露，粗鲁地挡住了江竹筠的去路。

"你这个卑鄙无耻，混入中国共产党内的败类！"江竹筠怒斥了一声。

话音未落，冉益智身后几个掏出手枪的特务，穷凶极恶地冲上来，逮捕了江竹筠。

"由你随便骂！"冉益智野兽般贪婪的目光中，流露出得意而尴尬的狞笑。

他们把江竹筠带到特务机关特委会，关进了秘密囚室，江竹筠在这里看到了其他几名被捕的同志。她不由大吃一惊，顿时什么都明白了，由于叛徒的告密，重庆的地下党组织遭受了重创。

此时重庆来的特务与万县的特务一起出动，按照冉益智、涂孝文出卖的名单，正在万县展开大搜捕，很多同志落入了敌人的魔掌。

当晚，江竹筠、李青林、黄玉清三个女同志，都在中统万县特委会受到了重刑。恼羞成怒的特务把李青林架上老虎凳，凶残地向李青林两腿之间不停地加砖。李青林的右腿"咔嚓"一声被折断了，当场昏死过去。

李青林同志在经受重刑后醒来，她大义凛然，威武不屈，一直严守着党的秘密，没有出卖一个同志。

第二天，一干特务押着江竹筠与同时被捕的中共党员们，秘密乘船开往重庆。

"呜——呜——"江轮鸣响起刺耳的汽笛声，巴渝大地，风如悲歌。

敌人担心地下党的营救行动，暗中将江竹筠等革命者由水路连夜押往重庆的同时，派出特务明着押解车队行于旱路。

坐在甲板上，同志们互相凝视着，互相鼓励着，个个正气凛然。

而做贼心虚的涂孝文一直垂着头，不敢与大家对视一眼。这时，冉益智出现在了船上。

"这两条狗！"江竹筠心中升起一股怒气，她不禁一再问自己："除了自己和万县地下党人，他们还会出卖谁？刘国鋕、曾紫霞和罗广斌他们一批青年同志会不会遭遇危险？冉益智、涂孝文这两条疯狗到了重庆，又将咬出多少同志？"

此刻，她恨不得身生双翼，迅速飞向那些尚不知刘国定、冉益智、涂孝文这些叛徒已经背叛革命的同志身边，为同志们拉响警报！

她反复思考着，如何才能把地下党组织正面临严重危险的消息传递出去。灵机一动，江竹筠向特务提出出舱去卫生间的要求。她借机朝大家使了一个眼色，大家立即心领神会纷纷效仿。

顿时，一对对戴手铐的旅客，频繁出舱走动，次数一多，引起了船员和乘客们的注意，相互传播开来。

江竹筠见时机成熟，果敢地从甲板上站起来，对着冉益智、涂孝文怒骂："你们就是疯狗，乱咬乱攀，诬陷别人是共产党，引着特务来抓，害了这么多人！你们这样的软骨头，不会有好下场的！"

这消息很快传遍了各个船舱，到了码头，乘客们下船后还在议论：

"这些戴手铐的都是共产党，被捕的不少呀！"

"那个穿旗袍的女共产党员，长得文文静静，一副临危不惧的气派，大骂叛徒，有骨气！"

"亘古至今，凡是叛徒，都是声名狼藉，没有好货，也没有好下场！知不知道共产党早年的大叛徒顾顺章，由于其掌握大量共产党的核心机密，致使中共地下党组织遭受巨大的破坏，多名中共地下党员遇害，被称为中共历史上最危险的叛徒。没想到被国民党用完即杀，听说枪决顾顺章的手谕是蒋介石亲自下达的呐！"

码头上接客人的一个地下共产党员听到后，将这一消息立即报告了当时在重庆负责的临委负责人邓照明。

江竹筠还不知道自己的行动已经使重庆地下党组织获得了警

报。邓照明连夜进行了紧急安排，以防叛徒的继续破坏。

而已经遭遇毒手的江竹筠，虽然身戴镣铐，心中却依然念念不忘地惦记着党的地下组织的安危。就在这天深夜，她与同志们被押往歌乐山渣滓洞监狱，一场生与死、人格与信念的搏斗，开始了……

黑牢酷刑

歌乐山坐落于重庆西北郊外，属大巴山系华蓥山脉的分支中梁山，中梁山南延入重庆沙坪坝区后称为歌乐山。古代传说歌乐山因大禹治水，召众宾歌乐于此而得名。而今的歌乐山，却已经成为一个阴森恐怖、臭名昭著的杀人魔窟——国民党反动政府设在重庆的一处绝密的特务机构，也就是素有"民国蒋氏阎王殿"之称的中美合作社白公馆、渣滓洞集中营。

它是由国民党军统特务头子戴笠和美国海军情报系统特务头子梅乐斯秘密修建的。这里电网密布、岗哨林立，对外壁垒森严。附近方圆 40 里，充满神秘、罪恶、杀戮的区域，不允许任何外人进入，偶或走错路误入其中的人，都难能逃脱被杀害的噩运。

押解江竹筠等同志的车队，在荷枪实弹的戒备下，几经辗转，驶入渣滓洞的铁栅门。

全身美式装备的特务挥舞着皮鞭，喝五吆六地号叫着，对每个被关押进来的人逐个地进行严格搜查，给每个人设置了编号。

折腾了几个小时后，江竹筠和被捕的同志被分拨关进了男牢和女牢。

走进女牢里，江竹筠蓦地在身边发现了曾紫霞，她与万县一同被捕的几名女同志关在同一间囚室内。

"紫霞！你……"江竹筠与刘国鋕、曾紫霞这一对情人相交甚笃，有着很深的革命友谊。她上前一步紧紧抱住曾紫霞，唤了一声姑娘的名字，便哽咽了，再也没有说下去。此景此情，她已经完全断定，她一直担心的，虽是富家子弟却摒弃享受显赫的生活，任劳任怨为党工作，曾经多次与自己共同完成党交给任务的曾紫霞的恋人刘国鋕，也一定遭遇了叛徒的出卖。

曾紫霞两眼噙着激愤的泪水，紧咬牙关。那坚毅的目光，仿佛诉说，她已经与自己的恋人有约，正等待接受随时出现的严峻考验。

江竹筠紧紧握住了曾紫霞的手，久久没有松开。她们之间有多少心里话想要诉说呀！

渣滓洞三面环山，地形隐蔽，有一个机枪连的武装特务看守，一挺机枪足以封锁整座监狱。中间是一个放风坝，一面是女牢，另一面是男牢。这里关押的主要是"六一大逮捕"、"华蓥山起义"，以及《挺进报》等遭遇不测的同志。

特务头子、西南行辕第二处处长徐远举决定亲自审讯江竹筠，妄图从她口中打开暴动地区的突破口。

江竹筠被带到老街三十二号徐远举的办公室里，当班的特务搬来了老虎凳、吊索、电刑设备、有刺的钢鞭、水葫芦、火背笼、撬杠等多种刑具，摆在室内两侧，摆出了一派大刑伺候的架势。

"一个二十七八岁的女共党,就不要我动大刑了吧?量你也顶不住!只要老实地把组织交出来,就给你自新的机会。你在下川东干什么?你领导和你联系的有哪些人?有多少武器弹药?……"

江竹筠面对徐远举的问话,胸有成竹,态度十分镇定。对那些带着血腥的刑具只轻蔑地斜视了一眼,从容不迫地回答:"我不懂什么组织不组织、领导不领导,你问这些我不知道的东西,实在是可笑!"

"这里十八般刑具,一个比一个厉害。冉益智、涂孝文已经给你打了铁证,不交出组织是搪塞不过去的!彭咏梧是你什么人?……"徐远举威胁着,一连提了十几个问题,都是江竹筠早已预料到的。

"既然有叛徒作铁证,你就直接问叛徒好了!"江竹筠蔑视地回答,然后,再不多言。

完全出乎徐远举的预料之外,本以为只要亲自出面便会旗开得胜的审讯,竟然攻克不下。徐远举瞪着一双目光逼人的眼睛,望了望面前傲然站立的江竹筠,冷不防甩手往桌子上一拍说:"不招,把她的衣服都给我扒下来!"

站在两旁的两个彪形大汉的特务,立即窜了过来。

江竹筠怒火中烧,猛然向前跨进一步,朝徐远举挥动着手铐:"无耻!"

吓得特务停止在原地,望着徐远举,不知如何是好。

江竹筠冷冷一笑:"共产党员死都不怕,难道害怕你用这种卑鄙下流的手段来威逼?我问你,你的母亲、祖母,你的老婆、女儿都不是女人?你想用这种侮辱女人的手段来侮辱我,被侮辱的不是我一个人，而是连你的母亲、妻女都侮辱了！如果不怕全世界的女性谴责你，那你就来吧！"

当着许多男特务的面，这一串炮弹一样的、义正词严、掷地有声的怒斥，气得徐远举满脸涨红，尴尬不堪，简直都要疯了。

恼羞成怒的徐远举，挥拳朝桌子一拍说："上刑！"

令特务们惊讶的是江竹筠每次刑后醒来，都是以那种鄙视的目光，横眉冷对着他们，口中责骂："你们可以打断我的手，杀我的头，要组织是没有的。"

江竹筠血肉模糊，在昏迷中被押回牢房。特务以威吓的口气叫嚣："很多更厉害的刑具还在等着你！你不说还要接着吃大苦头的！"

同牢房里的难友们，立刻围拢过来，扶着江竹筠躺下，审视着她的伤情。她渐渐醒来，曾紫霞忙着为她擦拭血污，包扎伤口。

各牢房的同志们，敬佩江竹筠的大义凛然和威武不屈，深为她的勇敢坚强所感动。在敌人的严密监视下，囚禁在里面的革命者偷偷地在每个牢房之间的墙壁上凿了一个小洞，并由此在牢房间形成了一个极秘密的通信孔道，各个牢房的同志们正是利用小小的通信孔道，向江竹筠所在的牢房里传递信息，致以问候。

江竹筠微笑着说："请告诉同志们，敌人什么也不会得到，他们永远是徒劳的！"

没过几天，双手沾满共产党人的鲜血，人称"催命判官"的重庆集中营三号刽子手张界和二处侦讯组长陆坚如，一起奉徐远举之命，到渣滓洞监狱对江竹筠进行了轮番刑讯。询问的内容仍与上次相同，逼她交出武装暴动地区的组织情况。

翻来覆去用过各种刑罚后，江竹筠钢筋铁骨，醒来除了不开口，就是怒骂："你们这些丧尽天良的恶魔，不是说还有更厉害十倍、百倍的刑具吗？拼一条命来给你们整！"

陆坚如翻着狗眼对身旁的张界说："如果徐远举那家伙升官心切，搞不出一点口供，指不定又要把责任推到你我身上，我看干脆给她指尖上钉竹签子，使用这种刑罚，江竹筠肯定撑不住！"

素来迷信鬼神的张界目光飘移着说："俺族人中有个老爷子当过前清衙门官，他曾对犯人用过一次这种刑罚，但后来不敢再用了。他讲，动用钉竹签子这种畸刑会遭报应的！"

陆坚如嘿嘿一笑："徐大官人早就该遭报应一百回了，人家还不是官道上混得春风得意！咱学你本家老爷子只用一次，事后谁也不许透风出去。万一逼她开口了，徐远举没准给咱们记一功，赏给几根金条呢！"

张界、陆坚如两个恶魔凑在一起，私下一番合计，于是，一场惨绝人寰的畸刑开始了。几根削尖了的竹签子从江竹筠的指尖钉了进去，顿时鲜血直流……江竹筠抱定宁死不屈坚抗到底的决心，咬紧牙关，随即竹签插进指甲后，就裂成了无数根竹丝，从手背、手心穿了出来……

"砰——"传来一声清脆刺耳的枪响，哨位上走火了。

"老天爷打雷了？"吓得张界、陆坚如一哆嗦，龟缩在地下，半天才回过神来。

望着已经几次昏死过去，手上血肉模糊的江竹筠，徒劳的两个家伙，一个骂骂咧咧："算咱俩倒八辈子的霉了，遇上一个宁死不开口的铁人！"一个叹息："已经弄到了大半夜，也没逼出口供来。

可你我日后阴天就不要出门了，当心遭雷劈死！"

顷刻间，这个魔鬼的世界沉寂下来，只有歌乐山传来几声夜猫子鬼蜮般的嗥叫，像是对已经无计可施的刽子手的嘲笑。

牢房里的200多名难友们几乎彻夜未眠，他们轮班守望在窗口，焦急地盼着被提走的江竹筠早些回来。可是，他们只能隐约地听到敌人一会儿叫喊："把老虎凳搬来！"隔一会儿，又嚎叫："拿辣椒水来！"大多时间则是沉默，那一定是江竹筠在重刑之下昏厥过去了！

难友们不知道的是，此时特务们用尽酷刑，一筹莫展，也把自己折腾得疲惫不堪。江竹筠在辣椒水、老虎凳、钉竹签子面前视死如归、毫无惧色的表现，让特务们黔驴技穷、束手无策。

心存幻想的特务带来了叛徒涂孝文，命他与江竹筠当面对质。江竹筠鄙夷地扫了他一眼，一声冷笑。

涂孝文心中慌乱，打了一个寒战，然后自惭形秽地低下了头，他无颜正视江竹筠愤怒的目光，只觉得灵魂出壳，迟迟说不出一个字来。

江竹筠质问："像断了脊梁的癞皮狗，乱咬乱攀，陷害好人，有何脸面苟活于人世！"

张界、陆坚如见状，知道这样下去，涂孝文就没有任何可利用的价值了，于是一个劲儿催促涂孝文："一件事一件事地问她，让她回答！"

涂孝文说不出话来，面前这位重刑之下，浑身鲜血淋漓，但决不肯变节的共产党员，自己曾经和她一样对党庄严宣誓过，并一起战斗过的江竹筠，坚贞不屈的浩然正气让他无地自容。她是那样高大，须仰视才能看见她威严的身躯，而自己却是这样的渺小，渺小到不过是一个婢子，一个徒有其表的婢子。

他或许在问自己，出卖同志者的灵魂是那样的猥琐和丑陋，是那样的龌龊而支离破碎，这个世界对于他来说还有什么意义，已经没有了起码人格的支撑，失去信仰与尊严的躯壳，无异于一具皮囊，是不是已经彻底地坠向了地狱……

无奈的敌人，只好叹着气收场，带走了一言不发的涂孝文。

江竹筠清晰地听到，涂孝文卑微地说了一句："怕是下地狱，我也是没有资格的……"

锁不住的刚强

江竹筠手上滴着鲜血,双脚拖着沉重的铁镣,在昏迷中被特务架着,抛进牢房。

难友们看到,江竹筠已经被折磨得变了形。看到她的身影消失在牢门里,大家充满了敬意,争先挤到窗口大喊:

"江姐!"

"啊,江姐!"

一天过去了,江竹筠依然在昏迷中。过度的伤痛,一直无法使她苏醒过来。

牢房里的难友们,秘密展开了慰问江竹筠的活动。男牢的难友暗中收集慰问品,连小小的罐头和几滴鱼肝油乃至半个烧饼,都通过放风的间隙转送到了女牢。一位难友还转来了一件衬衫,附上纸条:"撕成条,搓成绳,一端系镣,一端挂颈。"以便减轻脚镣带来的折磨。

第二天,男牢轮流放风时,一个纸团投进女牢里。女难友们拆开,那是用竹签蘸着药水和自制炭黑,写在草纸上的慰问信和诗篇。

慰问信上写着——

亲爱的江姐:

多次的严刑拷问,并没有能使你屈服。我们深深地知道一切毒刑对那些懦夫和软弱的人,才会有效;对于一个真正的共产党员,它是不会起任何作用的。

当我们被提出审讯的时候,当我们咀嚼着两餐霉米饭的时候,当我们半夜被竹梆声惊醒过来,听着歌乐山上狂风呼啸的时候,我们想起了你,亲爱的江姐!

我们向你保证:在敌人面前,不软弱,不动摇,决不投降,像你一样勇敢、坚强……

趟着铁镣的诗人蔡梦慰,用对敌人的满腔仇恨和对江姐的无限敬佩,写来了满贯侠骨的诗篇:

……
热铁烙在胸脯上,
竹签钉进每一根指尖,
凉水灌进鼻孔,
电流通过全身……
人的意志呀,
在地狱的毒火中熬炼。

像金子一般的亮,
像金子一般的坚,
可以使皮肉烧焦,
可以使筋骨折断;
铁的棍子,
木的杠子,
撬不开紧咬着的嘴唇,
那是千百个战士的安全线呵。
用刺刀来剖腹吧,
挖出来的,
也只有又红又热的心肝!

江竹筠终于醒过来了。她听难友为她读了同志们的来信,听着深夜从男牢里传来为她而唱的低沉、坚定的歌声:

为了免除下一代的苦难,
我们愿,愿把这牢底坐穿!
这是个混乱的日子,
黑夜被人硬当作白天。
在人们的头上,狂舞的人享福了。
在深沉的夜里,他们飞旋于红灯绿酒之间。
呼天的人是有罪的,
硬说天不应该被人呼唤。
而它的位置却是在他们的脚底下面。

牢狱果真是为向往公平的人们而设的吗?
　　为什么大众的幸福被少数人强夺霸占!
　　我们是天生的叛逆者,
　　一个共产主义的幽灵,
　　何惧鬼魅们进行疯狂的围剿,
　　我们要把这颠倒的乾坤扭转!
　　我们坐牢了,
　　坐牢又有什么稀罕?
　　为了免除下一代的苦难,
　　我们愿,愿把这牢底坐穿!

　　江竹筠激动得热泪盈眶。她的手动弹不得,请同室的难友代笔,为她写了回信:

　　……毒刑拷打,那是太小的考验。竹签子是竹子做的,共产党员的意志是钢铁……

　　当一首歌刚一唱完,各个牢房就报以掌声。一阵掌声才过,又有难友接着唱起来。她屏息静听,那歌声仿佛在叙说着所有难友们的心声:

　　为人进出的门紧锁着,
　　为狗爬出的洞敞开着,
　　一个声音高叫着:

爬出来吧,给你自由!
我渴望自由,
但我深深地知道——
人的身躯怎能从狗洞子里爬出!
我希望有一天,
地下的烈火冲腾,
将我连这活棺材一齐烧掉,
我应该在烈火与热血中得到永生!

歌声一浪高过一浪,像一阵响亮的战鼓,击破天幕;像长空霹雳,震撼云霄;像战士冲锋的号角,唤起难友们的激情!

……
最可恨那些毒蛇猛兽,
吃尽了我们的血肉!
一旦把它们消灭干净,
鲜红的太阳照遍全球!
这是最后的斗争,团结起来到明天,
英特纳雄耐尔就一定要实现!
这是最后的斗争,团结起来到明天,
英特纳雄耐尔就一定要实现!

"不许唱歌!"成群的特务挥舞着枪械窜出来,气急败坏地喝令制止,"谁再唱,马上枪毙!"

张界拍着腰间的手枪叫嚣："监狱发布禁令，不许骚动，不许喧哗，不许唱！谁唱杀谁……"

可是，在罪恶的铁牢里，经过了铁棍、皮鞭、火烙、老虎凳、拶指、钉竹签子、灌辣椒水等种种酷刑，早已置生死于度外的革命者、勇士们，愤怒与激情犹如地火一样喷发出来，怎会被这蚊蝇般的叫声所吞没？

"我们又有同志被捕了！"这时，突然有人喊道。

大家看清了，监狱里新增加了一大批难友。

由于叛徒刘国定、冉益智、涂孝文的出卖，这次被捕的有下川东地委委员杨虞棠、唐虚谷等同志，还有开县、湖北宜昌党组织中的很多同志。

党又遭受到这样的损失，使江竹筠心如刀绞。

江竹筠从敌人的行动中判断出，此时男牢中的重庆市委工运书记徐建业和女牢中的自己重刑后，一直戴着大号的铁镣，特务们显然是把他作为冉益智、刘国定叛变后最重要的男犯，企图从他那里打开破获重庆工运的突破口，并企图继续从自己身上获得彭咏梧直接领导并发动起来的暴动地区的党组织。

江竹筠清楚特务的企图，早已抱定了随时迎接各种重刑考验的准备，她已经不在乎自己的生死了。她同样相信徐建业同志的忠诚和坚强。他们在狱友们的拥戴和鼓励中，日夜焦急地记挂着下川东危急局势的发展。

时隔不久，细心的江竹筠发现，陆续入狱的同志中没有熟悉的暴动地区的主要干部，她这才暗暗松了一口气。根据种种迹象推断，涂孝文、冉益智、刘国定叛变所造成的危害已经被遏止了，他们除了罪恶的皮囊，在敌人手中利用的价值已经消灭殆尽。

江竹筠望着铁门的敌人，轻蔑地一笑，心中有了一丝欣慰。

然而，新的不幸发生了。特务们突然把戴着重镣的徐建业、川东梁山农民武装起义领导人李生俊的父亲李大铺，押出渣滓洞。就在这一天，被特务头子徐远举和张界公开杀害于大坪刑场。

还有消息传进渣滓洞，川东临委书记王璞亲自领导的华蓥山游击队在敌人的重重包围下，与强敌正面遭遇，王璞在战斗中壮烈牺牲。敌人残忍地割下了王璞的头颅，挂在武胜县石盘场口的杨槐树上示众。当地群众感念英烈的事迹，冒着危险就地掩埋了王璞同志的遗体。

整个渣滓洞监狱的难友沉浸在悲愤中。想起与王璞的友谊，江竹筠尤其悲伤。但是她没有流泪，她只有心中燃烧的怒火，她对同志们说："1927年大革命失败以后，毛泽东主席的爱人杨开慧根据党组织的安排，带着孩子由武昌回到故乡长沙板仓一带开展地下活动。1930年8月，围攻长沙的工农红军撤退后，国民党蒋介石大肆捕杀共产党人和革命群众，杨开慧面对敌人开出的'杨开慧只要宣布同毛泽东脱离关系即可自由'的条件，丝毫没有妥协，而是大义凛然地回答'死不足惜，惟愿革命早日成功'，然后慷慨赴死。还有为推翻千年封建统治，坚认'革命要流血才会成功'而从容就义于绍兴轩亭口的民族英雄秋瑾。这些伟大的英雄，都是我们的榜样，让我们团结起来，用鲜血和生命来迎接新世界的诞生！"

被叛徒出卖的，还有王璞同志的妻子，敌人逮捕了王璞同志的妻子左绍英。左绍英身材高大，使劲不让敌人摆布。当4个特务费了很大劲儿将左绍英捆在了老虎凳上，准备行刑时，左绍英突然大汗淋漓。

左绍英已经怀孕7个月了，出现了早产的症状。特务担心继续用刑会发生意外，于是请示徐远举，将左绍英囚入渣滓洞集中营女牢。

人们关切地围绕在左绍英身边，江竹筠一边安慰，一边告诉大家不要慌乱，并安排大家做了分工，做好接生的准备。

大家有的把一件棉大衣撕开，掏出里面的棉花；有的拿出洗干净的衣服，扯成一片一片的尿布；有的撤出自己铺的褥子，准备迎接这个在"特殊环境"中即将降临的小生命⋯⋯

江竹筠与李青林联合了几位同志，向男牢和女牢的难友悄悄发出了设法为左绍英母子储备食品的消息。风声一出，难友们无一例外地响应。在狱外有点关系的难友，设法从外边通过公署二处转进来一点食品，留给左绍英。

"江姐，有情况了！"看护左绍英的难友急促地喊起来，只见左绍英紧紧地咬着嘴唇，憋住了呼吸，在清晰的牙印间，洇出一滴血。

江竹筠招呼几位难友赶紧接产⋯⋯

在母亲几近痉挛的痛楚中，一个不足月的婴儿在这暗无天日的铁牢之中降生了！

婴儿的第一声啼哭，在凝集了苦难与刚强的世间魔狱中，划破了沉沉的静寂，犹如摄人心魄的天籁之音，飘进了难友们屏住呼吸、一直在焦灼中等待音讯与迎接新生命的所有牢房中。

男牢中有的同志竟不顾狱中的禁令，大声喊问："男孩还是女孩？"

女牢高声地回答："是一枝花！"

经过折腾而疲惫的左绍英睡着了,她身边襁褓中刚刚出生的婴儿在吃过母乳后,也睡着了。迎着曙光,江竹筠站在牢门口。她不由想起渐渐长大了的云儿,心中充满了对未来的希望……

放风的时间到了。男牢每间牢房出来放风的同志,几乎每个人腋下都夹着点物品,排着队,依次将物品放在了女牢门前。有送毛毯的,有送衣服和围巾的,还有刚入狱的一位同志送来了半瓶奶粉。杨虞棠是上着课被捕的,随身没有携带什么物品,他就将妻子送给他的定情之物,一块洁白的、刺绣着梅花、一直珍藏在身上的绢面手帕送给了孩子。

在供水限制的渣滓洞牢房,女难友们便把各自饭菜中的水和有点营养的东西省下来,一个接一个地送到左绍英面前。

男女难友们关心着这个烈士的后代,有几名难友问:"给孩子起名了吗?叫什么?"

婴儿的母亲左绍英想起自己的丈夫与彭咏梧、江竹筠夫妇的情谊,说:"就请竹筠来取吧!"

江竹筠高兴地一笑,说:"不用我取,大家心里早就有数了!"

伟大的十月革命胜利后的苏联,在反法西斯卫国战争中,涌现出很多可歌可泣的英雄,有一个响亮的名字叫卓娅。卓娅跟一批热血青年一起潜入敌后,不幸被捕,遭德军第197步兵师第332团杀害。临刑时她高喊:"永别了,同志们!别怕,同他们斗……为自己的人民而死,是幸福!"

为了纪念卓娅,苏联人民为她树立了雕像。在全线反攻时,战场上最响亮的口号就是:"为卓娅报仇!"当卓娅英勇就义的事迹传到莫斯科,革命领袖斯大林心情久久不能平静。他亲自给西方面军下了一道特别命令：遇到德军第197步兵师第332团任何官兵，就地枪毙，绝不接受他们的投降。1942年2月16日，卓娅被苏联政府追授"苏联英雄"这一崇高称号。

在难友们心中，英雄烈士王璞的女儿，这朵从出生的第一天起，就面临了血与火、生与死、魔鬼的肆虐与杀戮的"狱中之花"，自然就有了一个这样的名字："卓娅"！

她应该用这个名字！这是整个牢狱中，难友们的共同心愿。

"卓娅！"难友们不约而同地轻轻喊着小卓娅可爱的名字。

小卓娅瞪着亮晶晶的小眼睛，是那么逗人喜爱。她还不懂得面对的是何等充满兽性与恐怖的世界。

卓娅，是党的儿女！她不但给女牢里陡然增添了无限的生气和乐趣，也让男牢的同志们心中有了期待。男牢里的战友们在放风路过时，总是不禁朝女牢投去热切的目光，都想看看心中特别珍贵的革命后代！

爱恨情仇

时隔不久,细心的江竹筠发现被捕后押进男牢里的刘国鋕不见了。

曾紫霞悄悄告诉她,从男牢里传出的消息,刘国鋕被押走了。她担心地问:"押到了什么地方?会不会受刑?会不会被敌人秘密杀害?"

江竹筠以自己的判断,告诉曾紫霞:"叛徒冉益智并不了解刘国鋕的实际情况,加之刘国鋕家庭属于当地名门望族,在人们眼里他始终是一个刘家大少爷的形象。相信敌人一时不会对他下毒手。"

曾紫霞点点头,心中一直不安地惦念着刘国鋕的下落。

江竹筠的刑伤好多了,她倚在铁牢门口朝外眺望,她看到男牢送来的饭,不分人多人少,都是一桶饭。因为饭少,大家敲着空碗抗争,齐喊:"饭太少了,饿死人啦!"

"我们这里有剩饭!"江竹筠的话音一落,就被两间女牢的同志接过去，一起喊起来："女牢有剩饭！"

值班的特务只得动手，将女牢有意剩下的饭送到男牢。

次数多了，特务们就显得十分不耐烦，于是打开牢门，呵斥："你们自己去拿吧！"

从此，男牢难友与女牢难友们通过取饭的方式，多了一种接触的机会。

有一天，一个消瘦的青年被押进来，关进了男牢，这个消息就是在取饭时传递给女牢的难友们的。

这个被捕的年轻人名叫罗广斌，是重庆忠县人，中国共产党党员，曾是云南学运领袖，国民党军第十六兵团司令官罗广文的胞弟，著名物理学家杨振宁的学生。

集中营被囚禁的同志当中，有十几位参加过武装起义，遭到罗广文兵团的镇压。他们清楚记得，彭咏梧同志所领导的游击队遭遇国民党匪军，正是罗广文兵团的部队。彭咏梧同志正是被罗广文部下杀害的，并残忍地割下了头颅。罗广斌出现在这里，当即引起了狱友们的警惕。

江竹筠认出了罗广斌，通过风门口，悄悄地摆了摆手，罗广斌恰巧看见了她。罗广斌表情还是那么坚毅和自信，神情仍然坦坦荡荡，无所畏惧。她立刻明白，又是叛徒冉益智出卖的一位同志。敌人肯定会在他身上打主意，但江竹筠坚信，罗广文是我们党的死敌，从风雨中走来的罗广斌是我们的好同志，会经得住严峻考验的。于是，她决定通过秘密通道，告诉男牢的同志们，她了解罗广斌同志，罗广斌同志可以信赖！

罗广斌同志在新的环境中，回到了同志们中间。当同志们称他为同志时，这个刚毅的青年人，释然之余也禁不住激动得泪眼婆娑。

江竹筠眼下担心的是，叛徒冉益智极有可能将罗广斌与刘国鋕早在昆明就相识这层关系出卖给敌人，希望罗广斌能识破敌人的欺诈伎俩，沉着对敌。

江竹筠将自己的分析和判断，通过孔道告知了罗广斌。

这天早晨，提着一大串钥匙的特务打开了牢门，押走了罗广斌。好久，又黑又瘦的罗广斌又被押回了牢房。第二天放风，罗广斌照例出现在院坝里散步。直到响起了收风的哨声，特务清点回牢房的人，走在最后，靠近女牢房的罗广斌趁着敌人不注意，将手中的一个纸团向女牢江竹筠站立处掷去，然后，自若地走开了。

就在锁上牢门的刹那，一群特务疯狗似的叫嚣着，从院坝边蜂拥而上。特务迅速在女牢门前设下岗哨，然后冲到男牢房的走廊上，又设下了一排岗哨，空气顿时紧张起来。显然，特务们已经发现了什么。

"紧急搜查！快！"看守长一声令下，男牢、女牢的铁门，立即在接连不断的"哐当"声中打开了！

特务们就像寻找猎物的警犬，不放过一个角落，把男牢、女牢仔仔细细折腾了一遍，没有搜查出任何可疑的东西。

罗广斌被看守长叫出来："说，你向女牢投去了什么东西？"

罗广斌镇定地站立着，一脸无辜的样子，反问："我刚才只是和大家一样收风走回牢房，我哪里扔东西了？"

看守长狰狞的一声冷笑："你的一举一动，全在监视之中，已经发现你向女牢丢东西了。"

罗广斌继续反问："空口无凭，证据在哪里？"

"没有证据,也能罪加一等!"看守长阴狠地叫嚣着,"取重镣来!"一副沉重的重镣,加在了罗广斌脚上。敌人们得意地退去了,渣滓洞监狱又回到了沉闷的静寂。

曾紫霞轻声地问:"江姐,小罗真的向女牢扔进了什么东西吗?"

江竹筠的脸上瞬间闪现出宽慰的笑意:"一个纸团!"

曾紫霞吃惊地问:"特务怎么没有搜查出来?"

江竹筠告诉她:"我看过后,即刻吞掉了。"

江竹筠悄声告诉了曾紫霞:"罗广斌已经见着了刘国鋕,还看见了那个无耻的叛徒冉益智。国鋕依然像过去一样坚强。"

特务对刘国鋕和罗广斌两位有着特殊家庭背景的同志施用的诱降诡计,都没能得逞。徐远举拿他们毫无办法,最后只得吩咐把刘国鋕押回白公馆监狱去了。

曾紫霞压在心头的一块石头,终于落地了。她深深地知道,跟党走,为全国的解放而斗争,为共产主义信仰而斗争,是他们这对革命情侣的基石,他们至死不渝!

1946年在鄂西房县突围战斗中负伤被俘,关押在宜昌万县。在万县监狱,组织难友越狱,使百余难友安全脱逃,自己和战友们挺身担任断后任务被抓回,1948年转押重庆渣滓洞看守所的龙光章同志,受尽酷刑重伤长期得不到医治,于1948年12月15日不幸牺牲。噩耗迅速传遍铁牢。

江竹筠、李青林等女难友,利用各种渠道商量,决定为悼念战友,发起一次大规模的狱中斗争。

难友们派出代表,与敌人谈判。提出四个条件:一是为龙光章开追悼会,会后集体送葬。二是为龙光章更衣,备棺成殓。三是改善条件,不许虐待政治犯。四是重病号一律送医院治疗。

敌人不但不屑一顾一口拒绝,为了吓阻难友们的要求,还随意殴打狱中的难友,致成重伤,凶狠地呵斥:"监狱就是活阎罗殿,敢跟阎王爷提条件,就是活到头了!"

难友们被激怒了,经过继续斗争,敌人只同意了后三条要求,对开追悼会坚决拒绝。为了狠狠打击特务和叛徒的猖狂气焰,江竹筠与几位组织斗争的同志决定,发动全体难友以集体绝食进行抗争!

敌人慌了!怕整个监狱发生绝食事件后闹成乱子,最后不得不放宽限制,接受全部条件。

难友们抬着早已准备好的花圈,从牢房里缓缓来到放风坝。龙光章同志的遗体两边摆放着挽联。

追悼会上,龙光章同志的战友悲痛地致了悼词。

难友们抬着龙光章烈士的棺木,在集体的簇拥中,迈着沉重的步伐,走向渣滓洞外的向阳坡上……

难友们胜利了,这是一次同志们冒着生命的危险,置生死于度外换取的斗争胜利!

黎明之前

敌人在血腥恐怖中威胁和利诱一些软弱的共产党人变节，自以为得计的同时，却万万没有想到，狱中的江竹筠居然与同志们反其道而行之，早就秘密进行着策反敌特的工作。

最早策反成功的是狱医刘石人。还在江竹筠、李青林她们到来之前，医官刘石人被派到渣滓洞开设分诊所。刘石人为非军统人员，不受徐远举节制。这个人有点人道主义精神，每次去给皮开肉绽的受刑者疗伤，他止不住想："这些人为什么被打成这样还不招供。"此时渣滓洞监狱关押犯人已达200余人，却只有一个医生，20余种药品和2只体温表，听诊器还是刘医生自己的。看守特务还苛刻规定，医生看病只能在牢门处的小窗口上询问病情，然后喊号发药，根本不能接触病人。

一次，一个难友肚子痛，刘医生怀疑是阑尾炎，要求进牢房检查，却遭到看守拒绝，刘石人当即大吵起来，并威胁说要马上调职回城，特务只得答应以后看病必要时可进牢房，刘石人才有了和革命者进一步接触的机会。

经过难友们的感化，刘石人开始转向同情革命。从此，刘石人开始为难友传书递信。

1949年3月的一天，刘石人走进牢房为难友看病时，胡春浦趁机把一个小包塞到他的手中。第二天，刘石人按照小包上指定的地点专程进了趟城，原来，这是狱中难友为了使蒋介石在释放政治犯的问题上无可抵赖，拟就的一份渣滓洞、白公馆在押300名政治犯的名单。可惜，这份名单被查出。徐远举闻讯大怒，下令层层追查，把渣滓洞翻了个底朝天也没查出个名堂，最后只好不了了之。

江竹筠、李青林等同志由此想到，能不能做特务和看守的策反工作呢？于是把目光放在了看守所第三号人物少尉看守黄茂才的身上。

黄茂才既不是老牌特务，又不是重庆敌特的亲信，而且他是穷人出身，放风时，江竹筠和曾紫霞趁机与他扯上了老乡关系。江竹筠不仅是旁敲侧击，而且也是充满真诚地说："你对大家有些照应，以后有机会出去了，肯定有相见的时候，你有什么难处时，大家肯定也会帮助你的。我这做大姐的，说的都是真心话！"

曾紫霞放风时，悄悄对黄茂才讲起了革命道理。倾诉了自己家里并不是很穷的人，怎么跟着共产党闹革命了呢？其实，闹革命的共产党人，有好多家里富足的人，为啥子呢？因为共产党是为了穷人谋幸福的，为大多数人谋幸福的。曾紫霞说："这么多有志向的富家人斗争，为天下穷人闹革命，你咋个反而还帮着害他们？"

黄茂才低声连连说："我晓得，江姐和你是为我好，我也正在想这些道理哩！"

　　江竹筠见曾紫霞与黄茂才接触得越来越频繁，黄茂才的转变很明显，不仅对女牢，而且对男牢里的难友态度也大有转变，于是寻了个机会，推心置腹地与黄茂才进行了交谈，讲明了党的政策，劝导他："小黄，国民党彻底垮台是定了的，你为人民做些好事，到时自己的前途也宽广些，你说对吧？"

　　黄茂才轻声地说："江姐，我记着你的话……"

　　终于，黄茂才这个国民党的狱中看守，完全被争取过来，成了为狱中难友们力所能及提供各种方便的人。

　　渣滓洞监狱壁垒森严，严格禁止通信、探监，狱外转来的食品、衣物、药品、现金等一切用品，全部通过监狱特务检查后转交。自从成功策反黄茂才后，监狱的这些禁令基本上只剩下探监会客没有突破了。

　　黄茂才经常为男牢女牢传递消息，还主动告诉狱中的情况，秘密买报纸进来，替难友们送信到狱外，而且明确地向江竹筠和曾紫霞表示，愿意投靠共产党。

　　一条通往狱外的秘密渠道已经打开了，这也使公开宣布"同中国共产党携手合作，为彻底摧毁国民党反动政府，实现民主、和平、独立、统一的新中国而奋斗"的民盟中央，得以成功营救出了渣滓洞监狱中关押的21名民盟成员。

　　在充满黑暗、暴力的渣滓洞监狱中，中国人民解放军胜利进军的消息不断传来之际，江竹筠以临事的胆识气魄和春风化雨的精神魅力，有效地瓦解了敌人，与同志们携起手来融解反动地狱堡垒的一块又一块坚冰。她的心中充满了革命英雄主义和革命乐观主义，她坚信任何反动势力都无法阻挡伟大的中国共产党、伟大的人民军队、伟大的中国人民一往无前的脚步,一切与人民为敌的恶魔和走狗,都必将被历史的车轮碾碎,都将被饱经苦难的新世界所彻底埋葬。她是一位不屈的革命战士,她断定行将灭亡的敌人不会善罢甘休,还要垂死挣扎,上演最后的疯狂。她想到,也许自己和许多同志洒尽最后一滴热血,已经不能目睹共和国国旗高高升起震撼世界的庄严时刻,不能聆听伟大领袖毛主席庄严宣布共和国成立的历史强音,面对死亡,她与那些为国捐躯的仁人志士和勇士们,都是视死如归、从容无畏的。同时,她又是一个柔情的母亲,思念着监狱外面的儿子彭云。望着满天星斗,她彻夜难眠,想象着儿子已经长成的模样。于是,她带着酷刑留下的累累伤痕,将吃饭时偷偷藏起的筷子磨成竹签,蘸着由烂棉絮烧成灰与水调和在一起制成的墨水,在毛边纸上写下了致谭竹安的信。

竹安弟:

　　友人告知我你的近况,我感到非常难受。么(幺)姐及两个孩子给你的负担的确是太重了,尤其是现在的物价情况下,以你仅有的收入,不知把你拖成甚(什)么个样子……我想你决不会抱怨孩子的爸爸和我吧?苦难的日子快完了,除了这希望的日子快点到来而外,我甚(什)么都不能兑现。安弟!的确太辛苦你了。

　　我有必胜和必活的信心。自入狱日起,我就下了两年坐牢的决心……假若不幸的话,云儿就送你了。盼教以踏着父母之足迹,以建设新中国为志,为共产主义革命事业奋（斗）到底。

孩子们决不要骄（娇）养，粗服淡饭足矣。么（幺）姐是否仍在重庆？若在，云儿可以不必送托儿所，可节省一笔费用。你以为如何？就这样吧，愿我们早日见面。握别。愿你们都健康。

竹姐
8月26日

信中的幺姐就是谭政烈大姐。信写好后，江竹筠通过黄茂才，把信带出了监狱，辗转交给了谭竹安。她在信中字字句句饱含着一个革命母亲对孩子的深切厚爱和殷切希望。

江竹筠、曾紫霞和李青林等同志经过商量，决定派黄茂才与狱外党组织取得联系，以各种渠道营救狱中的同志，多出去一个就多保留一份革命的力量。同时，由党员骨干分头通知狱中的难友们，以后尽量不找或者少找黄茂才办生活上的事，没有特殊情况一概不再让他向外送信，并规定了一项纪律，严格避免让黄茂才做容易让敌人发现和暴露的事情。

经过努力，由曾紫霞想出了与外面联系的线索——重庆大学的好友况淑华。况淑华与她曾经一同参加抗暴、反饥饿、反内战的斗争，一起投身学生运动，由于与叛徒没有联系，所以并没有暴露，是一位绝对可以信任的联系对象。只要与况淑华联系上了，就一定能与党组织取得联系。

曾紫霞写了一封信交给黄茂才。黄茂才很快找到了况淑华转交了信件，并介绍了狱中的情况，尤其是江竹筠、曾紫霞的情况。况淑华立即把这一情况向沙磁北碚区领导小组组长刘康同志作了汇报请示。

江竹筠、曾紫霞、李青林兴奋不已，他们共同保守着与党组织联络的秘密，给黄茂才化名"蓝先生"，并把对黄茂才的保护措施做得更加细致。

这期间，女牢中共产党员李玉钿的哥哥李深润，在狱外以特殊关系营救妹妹李玉钿出狱，活动有了些眉目，但须安排狱中的李玉钿统一有关口径。因此，李深润找到黄茂才帮忙。

这是一件很危险的事情。黄茂才考虑到关系重大，于是向江竹筠请示。相关的同志认为，李玉钿是一位坚强的共产党员，身份并没有完全暴露，没有写"悔过书"，在确保稳妥的情况下，有必要安排见面。有了这样的指示，黄茂才巧妙地安排李深润、李玉钿兄妹见了面。不久，李玉钿成功出狱了。

黄茂才由此萌生了能不能在渣滓洞自己的寝室里，安排江竹筠他们同狱外的党组织见一面的想法。利用放风的机会，黄茂才把这个大胆的设想告诉了曾紫霞。

曾紫霞把这个情况报告了江竹筠和李青林，江竹筠和李青林都认为可行。但江竹筠还是说："按照纪律，这件事必须经过牢外党组织批准方可行动。"

黄茂才再次进城时，况淑华告知了上级党组织意见。她对黄茂才说："党组织很关心狱中的同志们，一直在策划营救工作，但是，为了保护你这条秘密通道的安全，确保不造成新的损失，组织上暂时不同意在狱中接头，并请你注意保护自己，在公开场合的言行要与看守身份相适，不要使这条联络通道暴露给敌人……"

江竹筠、曾紫霞、李青林明白，地下党组织考虑的周全长远，避免不必要的冒险行为。按照党组织的指示，他们在狱中更精心地保护黄茂才，为地下党组织牢固地坚守着这条秘密通道。

寒秋就要到了，江竹筠对曾紫霞说："小黄很不错，给了我们很大的帮助，算得上我们的同志了，我们不但在政治上关心，在生活上也应该关心他，让他感到同志间的温暖。我们替他织件毛衣吧！"

见江竹筠这般关心和体贴人，曾紫霞欣然回答说："好，我们一起给他织件毛衣。"

李青林悦声地搭话："由我来设计。"

黄茂才买来毛线，很快一件三个共产党人共同编织、精致而漂亮的毛衣织成了。望着三位满面笑容、柔肠钢骨的女共产党员，他心潮澎湃，禁不住双眼湿润了。他拿着毛衣迅速转过身离去，他怕自己的眼泪滚落下来，让其他看守看出破绽。哪里想到，这件毛衣居然真就成了江竹筠她们共同送给自己的弥足珍贵的纪念。

曾紫霞和未婚夫刘国鋕被叛徒冉益智出卖后，冉益智把注意力集中在了对付刘国鋕身上，觉得曾紫霞不过是一个无关轻重的毛丫头，再加上刘国鋕特殊背景的家庭的极力营救，曾紫霞被同意释放出狱了。

曾紫霞出狱这一天，江竹筠和难友们深情地目送在狱中共同度过了16个月铁窗生涯的同志，双方都挥着手，互道着无言的珍重。

曾紫霞出狱不久，黄茂才就带回了彭云的照片交给江竹筠，女牢的难友们争相传看。看着照片上的小彭云，江竹筠心中一遍又一遍地说："孩子，你是共产党人的后代，是党的儿女，你一定要继承父母先烈们的意志，好好听共产党的话，跟着共产党干革命！"

壮烈殉国

黑暗即将过去，红色的太阳即将照耀大地。伟大的中国革命，伟大的红色政权，正如中国共产党的领袖毛泽东形容的那样：它是站在海岸遥望海中已经看得见桅杆尖头了的一只航船，它是立于高山之巅远看东方已见光芒四射喷薄欲出的一轮朝日，它是躁动于母腹中的快要成熟了的一个婴儿。

伴随中国人民解放战争的节节胜利，国民党南京政府已经苟延残喘，人民解放军已饮马长江北岸。蒋介石被迫于1949年1月1日发表了被中国共产党中央委员会主席毛泽东称为"求和声明"的《元旦文告》，表示愿和谈下野。

1949年1月14日，已经看清蒋介石阴谋的毛泽东，在关于时局的声明中提出了中国共产党同国民党进行和平谈判的八项和平条件。

1949年4月21日，在国民党拒绝接受《国内和平协定》的第二天，中国共产党中央委员会主席毛泽东、中国人民解放军总司令朱德，发出向全国进军的命令，命令中国人民解放军"奋勇前进，坚决、彻底、干净、全部地歼灭中国境内一切敢于抵抗的国民党反动派，解放全国人民，保卫中国领土主权的独立和完整。"

1949年10月1日，毛泽东在北京宣告中华人民共和国中央人民政府成立。

这个令人振奋的消息，在处于国民党残酷统治下的重庆不胫而走，传入了渣滓洞监狱。

但是，重庆及西南的国民党反动派，依然不肯放下屠刀。在负隅顽抗的同时，疯狂镇压人民。先是毛人凤受蒋介石指示，将爱国将领杨虎城及其幼子杨拯中、幼女杨拯贵，其秘书宋绮云和夫人徐林侠以及他们的幼子宋振中等8人，屠杀于重庆戴公祠，并用硝镪水毁灭尸体。而后，蒋介石亲自两次带着特务头子毛人凤到重庆布置杀害狱中的共产党人和革命志士。

渣滓洞集中营出现了一系列变化，每天放风的时间明显变短了；监视集中营的岗亭上枪口密布，布防异常森严；原来的警卫连撤走了，换来了一些完全陌生的面孔；一大包一大包的档案被点火焚烧……

江竹筠明显地察觉到，敌人在做溃逃前的各种准备，对狱中革命志士的一场血雨腥风的大屠杀，正悄悄来临。

早就抱定了以身殉国，可哪能就这样束手就擒任凭敌人杀害呢？怎样才能使狱中难友们冲出牢笼？江竹筠、李青林、胡其芬一面加紧与狱外党组织联络营救办法，一面与男牢的几位同志谋划越狱之策。

江竹筠和狱中的同志们，此时尚不知道狱外地下党的同志已经寻机打入了负责警戒渣滓洞的国民党交警一旅，并侦测营救狱中同志的地形路线，以伺机实施营救计划。

黄茂才带来了确切的消息，进一步证实了敌人的屠狱阴谋。

江竹筠、李青林迅速与男牢的同志们沟通了情况，决定修改越狱的原定计划，同时加紧做好越狱准备，一定要赶在敌人动手之前，举行越狱暴动。

渣滓洞的特务们对黄茂才的疑心不断加重，不时向徐远举打"小报告"。最后，将他视为不稳定分子"遣返"离开了渣滓洞监狱。

重庆西南长官公署此次"遣返"的12名特工人员中，以"不稳定分子"理由被"遣返"的仅黄茂才一人。狱中党组织得知这一消息，想方设法保护黄茂才，但已无法挽回。

1949年10月28日凌晨，敌人突然从白公馆看守所押走了重庆地下党《挺进报》特支代理书记陈然等一批同志，上午公开杀害于大坪刑场。当反动派罪恶的枪口对准他们时，陈然和战友们高呼："毛主席万岁！""中华人民共和国万岁！"随后，壮烈地倒在了敌人罪恶的机枪下！

难友们悲愤难忍，江竹筠清醒地意识到：为革命流尽最后一滴血的时刻到了。

1949年11月14日，监狱外面的炭坪上，汽车嘶鸣。

一会儿，一群全副武装的特务凶神恶煞地扑进各个牢房。

"江竹筠、李青林，赶快收拾行李，马上转移！"有两个特务叫喊。

听见喝叫自己和李青林的名字，江竹筠镇定地将自己在狱中悄悄书写的文稿，交给了在万县一同被捕的黄玉清。那一卷草纸上，是她以竹签蘸着药水和炭灰兑水制成的特殊墨水，与难友在一起依靠记忆默写出来的毛泽东同志的《新民主主义论》，这部手稿在难友之间已经传阅过很长时间了。

然后，江竹筠换上自己带进监狱中的阴丹士林布旗袍，外面罩上红色的毛衣，细心地梳理好头发，上前搀扶着李青林，一起用坚毅的目光凝视着牢房里所有的战友们，就此相别。

"再见了，难友们，同志们！"

这一次，敌人从渣滓洞监狱分三批，先后押走了下川东地工委委员江竹筠、杨虞棠、唐虚谷，万县中心县委副书记李青林等29名身份明确的同志，以及白公馆监狱里的"华蓥山起义"领导人之一的邓兴酆。

敌人把江竹筠等30位同志羁押到"中美合作社"礼堂，然后押赴电台岚垭。电台岚垭曾是"中美合作社"内的军统电台，如今这里只剩下残垣断壁，通往这里的道路杂草丛生。敌人选准了这荒凉之处作为屠杀地点。

江竹筠和难友们由刽子手和特务押着，一步一步迈着坚定的步伐，走向电台岚垭。

"毛主席万岁！中国共产党万岁！"

"伟大的中华人民共和国万岁！"

"打倒蒋介石！"

同行的战友们，一起高喊口号。铿锵雄浑的声音响彻云霄，在歌乐山中久久回荡。

熊祥、徐贵林、王少山等七八个刽子手，慌乱地扳动了手中的卡宾枪。

11月27日，特务们奉命对渣滓洞的政治犯进行大屠杀，用机枪对狱中的180多名革命志士疯狂扫射，然后在尸体上浇上汽油毁尸灭迹。

罪恶的子弹，杀戮了中华民族的优秀儿女，革命者的鲜血，染红了岩石，染红了大地！

松涛呼啸，江水澎湃，山岳震颤，仿佛在呼唤他们的名字！